Nicolas Dupont-Aignan

L'euro, les banquiers et la mondialisation

L'arnaque du siècle

éditions du ROCHER

ISBN : 978-2-268-07116-9

Prologue

24 juin 2012.

Il souffle sur la France un vent de liberté. Depuis sa victoire en Coupe du monde 1998, on n'avait jamais vu ça : les Français sont dans la rue. Non pas les uns face aux autres, comme dans les manifestations et les blocages dont personne ne sort grandi, mais ensemble, communiant dans une même ferveur, partageant la fierté d'être libres.

Quelques semaines plus tôt, le nouveau président de la République avait tenu sa promesse : sa première décision avait été de rendre le pouvoir aux Français, en les interrogeant par référendum sur cette question jusque-là confisquée : « Souhaitez-vous que la France reprenne la maîtrise de sa monnaie ? »

On avait bien senti que la victoire du « oui » serait surprenante. Elle est éclatante : 68 % des Français ont dit oui. Oui à la liberté retrouvée, oui à la reconquête des pouvoirs perdus, laissés trop longtemps à des experts de rien, des gouverneurs de pacotille, des maîtres lointains et hautains. Oui à la France souveraine dans une Europe forte.

En ce soir de juin, dans les premières chaleurs de l'été, les Français sont heureux. Heureux de se retrouver, de se retrouver entre eux et de se retrouver eux-mêmes. Heureux d'avoir redressé la tête, face aux Cassandre qui les mettaient en garde contre la folie de se débarrasser de l'euro. Heureux d'avoir repris le pouvoir. Heureux de voir que, loin de la honte qui était promise en Europe au premier peuple qui abandonnerait l'euro, leur choix souverain est, au contraire, accueilli, dans toutes les capitales européennes, par des scènes de ferveur populaire, avec des pancartes sur lesquelles on peut lire, pêle-mêle : « Viva il France », « Ich bin ein Fransöze », ou « Euro go home ! »

Côte à côte sur une même tribune, les deux grands perdants de la Présidentielle, Nicolas Sarkozy et Dominique Strauss-Kahn, font grise mine. Marine Le Pen, toujours seule de son côté, n'arrive pas non plus à se réjouir. Elle a toujours préféré les peuples en colère aux peuples heureux.

Ce jour est historique. Cela faisait dix ans que la France vivait avec l'euro. Ou plutôt, sous l'euro, comme sous le joug d'un outil devenu maître, d'un instrument devenu tyran. D'une monnaie devenue dogme, d'un dogme devenu système, d'un système devenu totalitaire.

Cette victoire du oui a un parfum de revanche. Les rapports sont inversés. Les victorieux d'hier sont les vaincus d'aujourd'hui. Les puissants du moment voient les peuples se lever. À Bruxelles, à Francfort, on fait ses valises à la hâte. Dans les sièges des partis politiques, à Paris, on voit les visages qui s'allongent. Le « non » qu'ils conspuaient hier, en 1992 avec Maastricht, en 2005 avec le Traité européen, c'est eux aujourd'hui qui l'incarnent. Et c'est eux, à chaque fois, qui l'ont incarné. Leurs « oui » à Maastricht, à la Constitution européenne, à l'euro, n'étaient que des refus déguisés, des capitulations successives, des renoncements à la liberté. Au pouvoir. À la France et à l'Europe.

C'est vrai, ce soir, il y a aussi des perdants. Tous ceux qui avaient misé sur l'euro, capitalisé sur lui.

C'est vrai, ce soir, la peur change de camp, et les riches, les rentiers, les « délocaliseurs », les banquiers, font une drôle de mine. Dans les sièges des grandes banques, dans les bureaux des hautes tours de la Défense, de Bruxelles, de Berlin, la tension est palpable. Les unes de la presse libérale crient au drame, dénoncent « la France populiste et anti-européenne » et titrent sur « l'isolement français ».

Comment réagira la scène internationale, les puissants de ce monde ? Tandis qu'il met en garde, en duplex sur TF1, contre la terrible réaction à craindre des capitales européennes et des présidents américains ou chinois, le pauvre Dominique Strauss-Kahn est interrompu. Angela Merkel va parler depuis la Chancellerie à Berlin. Rupture des accords commerciaux ? Rappel de l'ambassadeur ? Quel sera le verdict ? Sur le plateau de Laurence Ferrari, la mine défaite, on commente, on conjecture. La chancelière allemande, elle, tout sourire, annonce qu'elle répond favorablement à l'invitation du président français à assister aux cérémonies du 14 juillet, à Paris, et qu'elle y évoquera avec lui la coopération nouvelle qui doit se nouer entre les deux pays. Elle reconnaît, à demi-mot, le service qu'il lui rend, comme à toute l'Europe, en sortant l'euro et propose déjà à l'Allemagne de suivre le même chemin ! Une dépêche tombe : Barack Obama répondra à l'invitation du nouveau président français pour un sommet France-États-Unis et décline l'invitation qui lui avait été faite par la Commission européenne, dont il ne reconnaît pas, semble-t-il, la légitimité démocratique. La soirée se termine sur un débat autour des conséquences économiques de l'abandon de l'euro pour la France. Le ton n'est pas partout alarmiste et certaines langues se délient. Parmi les intervenants, un industriel, rejoint par un autre, déclare que « l'abandon de l'euro n'est pas la fin du monde et ouvre, après tout, de nouvelles perspectives pour l'activité et l'emploi en France »...

Fiction, diront certains. La révolution du jasmin en Tunisie devrait pourtant nous enseigner ceci : quand on se coupe du peuple, il y a des mouvements de révolte et de liberté qu'on ne voit pas venir...

Première partie
L'euro : du rêve au cauchemar

Chapitre I

Le rêve obligatoire !

« *Avec Maastricht, on rira beaucoup plus.* »
Bernard Kouchner, Tours, 8 septembre 1992.

C'était en 1992, il y a à peine vingt ans. Au terme d'une campagne que les tenants du oui avaient hâte de voir se terminer, le traité de Maastricht était adopté en France par référendum, sur le score symbolique de 51,05 %. Avec ce score sur le fil, bien loin des espoirs des tenants de l'Europe fédérale du traité de Maastricht, l'Europe venait symboliquement couper la France en deux, en son milieu, et ouvrir une plaie béante qui demeure toujours ouverte.

Dans les derniers jours de ce modèle de campagne confisquée, les promoteurs du oui, les vendeurs de rêve, François Mitterrand et sa garde socialiste en tête, mais aussi toute la droite, honteuse d'avoir à dire non, s'étaient faits plus menaçants en voyant l'opposition des Français monter dangereusement dans les sondages. Le ton allait changer : si vous ne voulez pas de notre rêve, alors vous aurez le cauchemar.

Au début, c'était le très argumenté développement de Bernard Kouchner à Tours, le 8 septembre 1992 : « Avec Maastricht, on rira beaucoup plus » !, ou le superbe : « Si le traité était en application, finalement la Communauté européenne connaîtrait une croissance économique plus forte, donc un emploi amélioré » de Valéry Giscard d'Estaing, sur RTL, le 30 juillet 1992, ou enfin le prometteur : « L'Europe, ce sera plus d'emplois, plus de protection sociale et moins d'exclusion » de Martine Aubry, à Béthune, le 12 septembre.

Maastricht fut présenté tour à tour, ou tout à la fois, comme :

– la garantie d'une croissance nouvelle de nature à éradiquer le chômage ;

– le prélude à l'avènement d'une « Europe sociale » généreuse ;

– l'outil infaillible pour assainir durablement nos finances publiques et concurrencer le dollar comme monnaie de réserve mondiale ;

– le catalyseur irrésistible d'une stabilisation et d'une unification économique et sociale de l'Europe ;

– l'instrument privilégié de l'émergence d'une « identité européenne » démocratique, respectueuse tant de la volonté de ses citoyens que de la souveraineté des nations ;

– la divine chance pour la France, en passe de perdre la guerre de la mondialisation naissante, de maintenir sa puissance économique en Europe et ailleurs en menant désormais sa politique monétaire avec ses voisins ;

– le moyen pour une France éternellement inférieure à sa voisine de « ligoter » l'Allemagne fraîchement réunifiée dans l'Europe ;

– bref, le sésame vers une Europe de plus en plus unie, dans la paix, la concorde, le dépassement des nations, et une démocratie fantastiquement plus démocratique…

Puis, peu à peu, au fil de la campagne, le ton avait changé. C'était comme ça maintenant, en Europe : si ce n'est pas de gré, c'est de force que vous aimerez l'Europe de Bruxelles, ses technocrates, ses directives, sa Commission et son euro. Et, à mesure que le non et ses ténors se faisaient mieux entendre, la musique fédéraliste s'accélérait, à un rythme plus martial. Ceux qui déploraient souvent que « l'on agitât les peurs » se firent plus menaçants. Avec Maastricht, on allait finalement peut-être moins rire, malgré les promesses de Bernard Kouchner. « Le train de l'espoir ne passe pas deux fois », proclamait Jack Lang, catégorique, sur RTL, le 23 août… Jean Boissonnat, pontifiant, décréta dans *L'Expansion*, le 3 septembre 1992 : « Ce n'est pas un hasard si la construction européenne doit plus aux raisonnements des élites qu'aux impulsions des peuples. Elle est le fruit d'une longue méditation sur l'Histoire. C'est un produit culturel. Non un élan irréfléchi, un hoquet des masses, arraché dans un mouvement de foule ou une improvisation d'éloquence. »

Les chroniqueurs, à leur tour, venaient à la rescousse des politiques, pour nous faire la leçon aux heures de grande écoute, tel Jean-Marc Sylvestre sur France Inter, le 18 septembre, nous sermonnant : « Si la monnaie unique a un mérite et un seul, c'est d'obliger les pays à se conduire correctement. » Mais qui allait désormais obliger la Commission européenne à se « conduire correctement » ?

Dès le début, avant même l'adoption du traité, le décor était ainsi planté : l'Europe de Maastricht, il faudrait l'aimer. De gré… ou de force. Il faudrait bien se tenir, mettre les mains sur la table et être bien poli avec la dame.

Et quiconque ne voyait pas un bénéfice, un avantage, un sens de l'histoire dans le traité instaurant définitivement l'Europe fédérale, devait être désigné comme ennemi du progrès, de la croissance, de l'avenir.

La France, c'en était bel et bien fini. « La France est notre patrie, l'Europe est notre avenir », répétait Mitterrand. En d'autres termes, la France, c'était pour les vieux gaullistes, les résistants, les anciens combattants, dont il n'était pas, en effet. L'Europe, c'était pour l'élite, pour les sages, pour les plus cultivés. Quant au peuple, il suivrait.

Ségolène Royal, en bonne élève, se sentant sans doute déjà un destin présidentiel à l'ombre de la statue du Commandeur, fut particulièrement inspirée trois jours avant le vote, à Strasbourg : « [Comme le 20 septembre 1792], le 20 septembre 1992 il y aura d'un côté, l'Europe du mouvement, celle des Lumières, celle de l'espérance incarnée par l'armée révolutionnaire porteuse d'universalité et de l'autre, les forces du passé, contre-révolutionnaires, amalgame d'armadas conduites par des despotes en dentelle de l'Europe réactionnaire dont le seul moteur est le refus. »

Et pourtant, qui refusait ? Qui renonçait vraiment ? Les partisans du oui ou ceux du non ? Car il ne faudrait pas oublier ce que contenait ce traité, que seuls quelques-uns ont véritablement lu. Le funeste traité de Maastricht, dont nous payons tous les jours la facture, c'était l'abandon de toute souveraineté, qui n'est autre, en démocratie, que le pouvoir d'exercer sa liberté. C'était donc l'abandon de toute liberté nationale, au bénéfice d'une instance antidémocratique confiée à une élite mondialisée, débarrassée pour longtemps de tout verdict populaire.

Ténor du non, Philippe Séguin avait tout dit, dans son mémorable et toujours actuel discours sur la France, prononcé à l'Assemblée nationale : « Monsieur le Président, Madame, Messieurs les Ministres, mes chers collègues, que l'on ne s'y trompe pas, la logique du processus de l'engrenage économique et politique mis au point à Maastricht est celle d'un fédéralisme au rabais, fondamentalement antidémocratique, faussement libéral et résolument technocratique. L'Europe qu'on nous propose n'est ni libre, ni juste, ni efficace. Elle enterre la conception de la souveraineté nationale et les grands principes issus de la Révolution : 1992 est littéralement l'anti-1789. Beau cadeau d'anniversaire que lui font, pour ses 200 ans, les pharisiens de cette République qu'ils encensent dans leurs discours et risquent de ruiner par leurs actes. »

Terrible clairvoyance.

Une nouvelle Europe, l'Union européenne, venait de naître. Une Europe Frankenstein, fruit des cerveaux fous de quelques apprentis sorciers. Ce n'était pas la France qui venait de mourir. La France ne meurt jamais. C'était l'Europe, celle des grands projets et de la croissance, celle de la coopération libre et gagnante, l'Europe puissance, l'Europe des nations.

À cette Union européenne malsaine, il fallait un instrument. Un instrument capable de préserver le pouvoir des eurocrates et de dompter les peuples. La Chine avait le Comité central du Parti communiste, les États-Unis avaient la CIA. Les nouveaux maîtres du pouvoir européen venaient de créer l'euro.

Chapitre II

L'euro fort, c'est l'euro cher

L'euro venait de naître, il fallait qu'il grandisse. Tant désiré, tant attendu, tant célébré, il fut pourtant abandonné dès la naissance et passa des mains de ses inventeurs à celles de ses gestionnaires.

Et par un curieux tour de passe-passe, les promoteurs de l'euro s'en débarrassèrent aussitôt, pour le laisser à la responsabilité d'irresponsables incontrôlés. Il leur avait suffi de créer l'euro. Leur mission était accomplie. Et c'est à un cortège de technocrates non élus, venus de nulle part, sans patrie, sans mandat, qu'il revint de donner forme à la nouvelle monnaie. Les premiers pas de l'euro sont le résultat d'une démission politique, démission qui apparaît d'autant plus absurde, que ceux-là mêmes qui y consentirent, plaident aujourd'hui pour une Europe « plus politique », qui devrait venir au secours d'une union monétaire rendue trop fragile par leur absence !

L'euro prit aussitôt le visage de ses nouveaux tuteurs. Un visage froid, sans traits, sans caractère, sans expression. Et l'on vit apparaître les premiers euros, les premiers billets : ils ne représentaient rien ! Des ponts qui ne mènent nulle part, des portes ouvertes à tous les vents, des symboles désincarnés. Symbole d'un monde opaque, celui de la haute finance, des officines, des cabinets sans âme. Symbole d'un système qui ne se préoccupera ni des peuples, ni des hommes.

Tous les enfants de l'Europe, les près de 330 millions d'Européens de la zone euro, furent littéralement oubliés, volontairement niés. Pire ! Ils allaient bientôt découvrir qu'ils seraient sacrifiés, afin que prospère le nouveau dieu adoré.

Je pense à ces regards, que je n'oublierai jamais, ceux des ouvriers et des ouvrières désemparés de voir leurs usines délocalisées, leurs emplois supprimés. Je garde toujours, sur mon bureau, ce module de connectique que m'ont confié les ouvriers du sous-traitant automobile Molex, en Haute-Garonne, la veille de la fermeture de leur site. Combien d'usines visitées, combien de visages, pleins de rage et de larmes, d'hommes et de femmes qui ne comprennent pas ou plutôt qui ne comprennent que trop bien que 200 ans après la Révolution française, ils sont devenus des objets qu'on jette après les avoir bien usés ?

Car, à Molex en Haute-Garonne, ou chez Valeo à Abbeville, il ne s'agit pas d'usines non rentables. À chaque fois, les établissements qui ferment ou qui licencient sont bénéficiaires. À chaque fois, les salariés ont consenti à des efforts de productivité. Mais ce n'est jamais assez puisqu'ils sont mis en concurrence avec les nouveaux esclaves du XXIe siècle, dans le gigantesque camp de travail chinois par exemple. Un pays, la Chine, qui use et abuse de l'arme monétaire comme d'un outil de compétition, en sous-évaluant volontairement sa monnaie pour gagner toujours plus de parts de marché. Alors bien sûr, il n'y a pas que l'euro : la suppression des barrières douanières favorise un libre-échange déloyal dévastateur, les charges sociales trop élevées épuisent nos entreprises. Raison de plus pour ne pas s'imposer, de surcroît, une monnaie surévaluée de 30 %. C'est le monde à l'envers ! On renonce à investir dans les machines, chez nous, mais on est prêt à faire rapatrier en urgence une pièce défectueuse depuis la Slovaquie jusqu'à la Picardie, comme me le confiait cet ouvrier écœuré. Un taxi de nuit entre la Slovaquie et la Picardie ! Non pas car la qualité du travail y est meilleure, mais simplement parce que l'on ne pense plus qu'une entreprise puisse être encore française, et qu'on préfère délocaliser… quel qu'en soit le prix !

Et il n'y a pas que les salariés qui pleurent : les entrepreneurs, aussi, sont le dos au mur. Comme ce sous-traitant de l'automobile, au cœur du Midi-Pyrénées, qui confiait ceci, à la radio, désolé et honteux, la rage au ventre et la gorge encore serrée : « J'ai dû mentir. Mentir sur la qualité du travail de mes salariés, mentir sur la compétitivité de la France, mentir sur mon attachement à mon pays. Pour décrocher une importante commande d'un gros constructeur et assurer l'activité de mon entreprise, l'emploi de mes salariés, j'ai été poussé à écrire ce qu'ils voulaient lire. J'ai écrit, en réponse à l'appel d'offres, que j'allais délocaliser, certain de trouver là l'argument qu'ils attendaient : on est forcément plus compétitif en Chine, on ne s'embarrassera pas de complications là-bas ! Tout cela était faux ; tout cela, je ne le pensais pas, mais au moins le contrat, nous l'avons emporté… »

Mais qui se soucie des hommes ? Qui s'intéresse à ces femmes et ces hommes, à leurs familles brisées, assistées ? Qui s'intéresse au sort de ces dizaines de petites villes de province qui perdent leur substance et s'engourdissent ? À Abbeville, par exemple, plus de quinze entreprises industrielles ont fermé en dix ans. Mais je pourrais aussi citer Sedan, Épinal, Roanne, Saint-Dizier et tant d'autres… Des milliers d'emplois supprimés, des préretraités oisifs, des jeunes sans espoir. Le vide, et pourtant, à l'école, au collège, on ne cesse de leur demander de se former, pour décrocher le sésame : un emploi.

Mais quels emplois ? On nous dit : « De nouvelles entreprises vont remplacer les anciennes, vous travaillerez maintenant dans le service, dans le "tertiaire" ; l'industrie, c'est fini ! » Alors, on tâche de se faire embaucher dans un centre d'appel. Et, trois mois plus tard, lui aussi délocalise ! Tout le monde se souvient encore de ces salariés licenciés, mais à qui l'on a offert cet horizon magnifique : un aller simple pour Ankara ou New Delhi, avec à la clé un poste à 200 euros par mois ! Mais on vous laisse le choix : la Turquie ou Pôle emploi. Quand on n'a pas de famille en Turquie, on retourne à Pôle emploi. Ou chez MacDo. Un peu triste de ne pas pouvoir utiliser la formation chère payée par les parents... Voilà, aujourd'hui, le paysage de l'emploi en France. Un paysage de misère où le sol se dérobe, où les entreprises partent et ne laissent que des friches, où les familles se saignent et se désolent, parce que ça ne sert à rien de former les jeunes si on ne leur offre pas de débouchés.

C'est délibérément, donc, que l'on sacrifia les Français, la croissance, l'emploi, le pouvoir d'achat, à l'intégration européenne.

Par un ingénieux mécanisme, parfaitement programmé, l'euro passa ainsi du statut de monnaie – celui de simples devises au service des échanges, du commerce, et pourquoi pas de la création de richesses que l'on appelle la croissance – au statut de dogme, dont une poignée de gardiens du temple allait bien vite faire une dictature molle.

L'Europe est grande et l'euro est son prophète : voici la nouvelle religion officielle en Europe ! Une religion qui réclame qu'on lui verse son obole. Pour ses concepteurs, il fallait que l'euro fût fort. Pour les peuples européens, il fut surtout cher !

Pour s'en convaincre, il suffit de comparer, en France, le prix de la baguette, de la salade, du plein d'essence. Pour la plupart des produits de base, les prix ont connu, en neuf ans, une explosion : de 3,75 francs à 0,85 euro pour 250 grammes de beurre (+ 49 %) ; de 3 francs à 0,85 euro pour une baguette (+ 85 %) ; de 4 francs à 1,50 euro pour une laitue (+ 150 %) ; de 1,30 franc à 0,56 euro pour un litre de lait (+ 182 %). Voire de 10 francs à 10 euros pour un Tee-shirt, soit 556 % d'augmentation ! Une hausse des prix couplée à une politique de rigueur salariale décidée d'en haut, créant un effet ciseau dévastateur pour le pouvoir d'achat, la consommation et la croissance. Nous y reviendrons.

Et les Français l'ont bien compris. Quand la ménagère achète moins de carottes parce qu'elles sont trop chères, l'entrepreneur voit ses commandes chuter parce que ses produits sont trop onéreux face à ses concurrents qui, eux, ne subissent pas le poids d'une monnaie trop lourde. Pour ne pas fermer boutique, il est obligé de délocaliser, simplement pour réduire ses coûts. Délocaliser ou mourir, c'est le terrible choix offert à nos PME ! À l'inverse, ce qui est cher pour les consommateurs, pour leurs propres achats et leurs propres échanges, est tout aussi cher pour l'investisseur américain qui souhaite s'implanter chez nous, pour l'industriel japonais qui souhaite développer son marché en Europe... Et au mieux, s'ils choisissent l'Europe, ils préféreront s'installer hors de la zone euro, parce qu'il faudrait être fou pour se priver de 30 % de compétitivité en plus !

Sacrifié sur l'autel de la stabilité, de la dévaluation interdite, l'euro plongea l'Europe dans une marche forcée, jusqu'au grand ébranlement du système monétaire européen d'aujourd'hui, accéléré par la crise du capitalisme globalisé.

En effet, la Banque Centrale européenne (BCE) multiplia les mauvais choix, les options néfastes, les décisions aveugles. M. Trichet fit tout à l'envers ! Mais est-ce étonnant de la part d'un homme qui, tout heureux d'être appelé à cette haute fonction, n'a cessé de vouloir donner des gages à la Bundesbank, comme s'il tenait à faire oublier qu'il était français.

Ainsi, la politique monétaire de la BCE, exagérément restrictive par rapport à la Federal Reserve Bank américaine (Fed), poussa l'euro à la hausse. En effet, hormis à sa naissance et pendant le laps de temps où il est descendu jusqu'à 0,82 dollar, l'euro est une monnaie dont le cours a été trop élevé. Les économistes estiment que son cours normal devrait être entre 1 et 1,10 dollar, à parité de pouvoir d'achat. Or aujourd'hui il est surévalué de 20 à 30 %, et a même atteint 50 % courant 2008 (1,6 dollar).

L'exemple le plus frappant, dénoncé par de nombreux économistes, fut la décision incroyable de Jean-Claude Trichet qui, en juin 2008, trouva le moyen de monter les taux directeurs alors que les États-Unis les avaient déjà baissés de 3 points ! Cette surévaluation, créant un écart monétaire abyssal, déboucha naturellement sur un énorme handicap commercial. Par exemple, en dix ans, la France est passée d'un excédent à un déficit de 5 milliards, vis-à-vis des États-Unis, et l'excédent de l'Allemagne a été divisé par deux.

Car cette surévaluation encourage les délocalisations. Par exemple, Airbus, fleuron de notre industrie, a décidé d'augmenter la part de ses composants produits en zone dollar, pour se prémunir de la surévaluation chronique de l'euro. Une partie du fuselage de l'A 350 sera ainsi produite aux États-Unis ! Un comble pour ce symbole de la puissance économique européenne ! Je pense à Louis Gallois, patron d'Airbus puis d'EADS, qui se bat pour la puissance industrielle de la France et de l'Europe. Malgré toute sa bonne volonté, il ne peut lui-même plus tenir ! Il a osé écrire, en 2008 : « Nous allons également accroître le contenu en dollars de nos avions, notamment en payant de plus en plus nos fournisseurs en dollars, en les incitant ainsi à s'installer, comme nous, plus fortement en zone dollar. » Et il conclut, désolé : « C'est le seul moyen de préserver les activités les plus technologiques en Europe. »

Les constructeurs automobiles français ont suivi le même raisonnement : ils produisaient plus de 3 millions de voitures en France en 2004. Ce chiffre est tombé à un peu plus de 1,5 en 2009… Une division par deux en cinq ans : du jamais vu dans l'histoire industrielle d'aucun pays !

Et c'est partout pareil en Europe ! Le constat n'est pas franco-français ! Ce qui est vrai pour nous l'est aussi pour les autres. Comme l'Italie, qui s'enfonce gravement dans la crise, avec une industrie textile qui parvenait à surnager et qui, désormais, ne peut plus résister !

Avant, la monnaie du pays en déficit de compétitivité pouvait se déprécier quand les déséquilibres du commerce extérieur augmentaient. Aujourd'hui, c'est le chômage qui sert de variable d'ajustement. 40 % de taux de chômage chez les jeunes, en Espagne ; plus de 20 % en France. La raison : les économistes la clament, mais les dirigeants la balaient, parce qu'elle est accablante. Selon Jacques Sapir, la surévaluation de l'euro a coûté environ 1 % de croissance par tranche de 10 % de surévaluation ! Faisons le calcul : aujourd'hui l'euro est surévalué de 20 à 30 % ; le résultat : c'est 2 à 3 %

de croissance perdue aujourd'hui ! Et si on cumule sur plusieurs années, le bilan est colossal !

Alors gardons l'euro, mais admettons que nous acceptons de perdre des emplois. Gardons l'euro, mais admettons que nous faisons le choix de la finance plutôt que de l'industrie ! Gardons l'euro, mais admettons que nous roulons en serrant, volontairement et fermement, les freins. Gardons l'euro, mais admettons que nous organisons le déclin industriel français. Les chiffres sont là, la réalité est là : un tissu industriel qui s'effondre, des savoir-faire qui disparaissent, une croissance de plus en plus lente. Nicolas Baverez, dans *Le Point* du 3 février 2011, parle d'une euthanasie des entreprises, d'une industrie en voie de disparition, avec la diminution de 20 % du nombre d'entreprises industrielles et la suppression de 500 000 emplois depuis 2000. L'industrie ne représente plus que 14 % de la valeur ajoutée, contre 21 en Italie et 31 en Allemagne ! La France n'effectue plus que 12,5 % des exportations de la zone euro contre 18 % en 1990 et 16 % en 2000.

D'un ton docte, les économistes de la « bien-pensance » nous ont expliqué depuis quinze ans que les délocalisations n'étaient que la rançon d'une économie de service moderne et mondialisée, que les effets sur le chômage étaient marginaux et qu'il fallait s'adapter. J'entends encore Pascal Lamy, président de l'OMC, nous expliquer en commission à l'Assemblée nationale, qu'il fallait bien acheter des tee-shirts à la Chine pour lui vendre nos Airbus ! Mais, pas de chance, c'est Airbus qui délocalise aujourd'hui !

Dans ce contexte, à quoi sert de réduire les charges de 5, voire de 10 %, de compresser les salaires si, au même moment l'euro, comme entre 2000 et 2008, voit sa valeur augmenter de 40 % ?

Dès août 1993, Philippe Séguin avait annoncé le trait dominant de la nouvelle Europe née de Maastricht, à travers une formule assassine qu'Édouard Balladur prendra en pleine figure et qui fera florès : « Munich social ! »

Tout ça pour quoi ? Pour donner vie et vigueur à l'instrument devenu maître : l'euro !

De toutes parts, jusqu'à la crise, des voix se sont d'ailleurs élevées pour que la gestion de l'euro soit réformée.

Nicolas Sarkozy allait même faire campagne, en 2007, sur le thème : « Il vaut mieux que ce soient les

Français [plutôt que Bruxelles] qui soient contents de nous ! » Une phrase dite un peu en l'air, sans doute, car on n'a toujours pas vu celui qui est devenu président de la République mettre son action en adéquation avec ses paroles…

Pourtant, l'étoile montante et futur candidat de l'UMP à l'élection présidentielle – ceci expliquant cela – ne mâcha plus ses mots dans les mois qui suivirent. Il se fit même le héraut d'une réforme de l'euro, dont la gestion à sens unique, responsable d'une catastrophe économique européenne, devait d'urgence être changée, complétée du fameux « gouvernement économique européen » censé équilibrer le Pacte de stabilité. À l'heure où l'actuel président de la République, auto-érigé en sauveteur de l'euro, prêche, main dans la main avec Angela Merkel, l'austérité et la discipline au sein de l'euro-zone, on se doit de rappeler quelques-unes de ses vibrantes paroles d'alors. Par exemple, celles prononcées à Agen, en juin 2006, où il dénonça avec force le dogme de la BCE : « Ce n'est pas le déficit qui crée le chômage mais le chômage qui nourrit le déficit », ou encore cette fois où il se révolta contre le fait que « la zone euro [fût devenue] la variable d'ajustement des déséquilibres économiques du monde ».

Il avait alors raison. Il ne faisait que reprendre, à son compte, la plupart des critiques à l'égard de la monnaie unique et de la BCE, dont celles que je formulais avec constance depuis le printemps 1992.

Je me souviens, comme si j'y étais encore, du candidat Sarkozy me recevant place Beauvau pour me dissuader de quitter l'UMP, avant le congrès lui donnant l'investiture finale en janvier 2007. Je lui expliquais que je quittais le parti majoritaire et que je voulais être candidat à la présidentielle, car je n'acceptais pas son projet de passer outre – par voie parlementaire – le non au référendum de 2005 sur le projet de Constitution européenne. Il m'affirma alors tout net que mon « idée fixe » sur le danger européen était dépassée. Qu'avec lui, on allait voir ce qu'on allait voir ; l'Europe, c'était fini, la France se ferait respecter car seules les grandes nations compteraient désormais ! Eh bien, on a vu !

Je lui répondis qu'il devait, en ce cas, profiter de son élection éventuelle et de la légitimité apportée par le référendum de 2005 et la victoire du « non », pour provoquer une vraie explication avec Berlin, afin de revoir la gestion de l'euro, de conforter la PAC, de refuser les règles bureaucratiques de l'Union européenne.

Bien sûr, il ne voulait pas en entendre parler, considérant qu'il pourrait, comme ses prédécesseurs, passer entre les gouttes de la nécessaire épreuve de force pour remettre à plat l'Union européenne.

Il n'avait manifestement pas compris qu'en se précipitant à Berlin, une fois élu, pour faire allégeance à Madame Merkel et signer le traité de Lisbonne, il allait scier la branche sur laquelle il venait de s'asseoir ! Il perdait ce jour-là toute monnaie d'échange diplomatique avec l'Allemagne, tout levier pour desserrer la contrainte extérieure qui asphyxie nos entreprises. Par avance, il condamnait son quinquennat à l'échec puisque, sans marge de manœuvre économique, avec un euro surévalué, un libre-échange dévastateur, une PAC démantelée, il était impossible de créer de l'emploi, de relancer l'économie, de refonder le pacte social comme il s'y était engagé devant les Français.

Et c'est pourtant exactement ce qu'il fit, avec le succès que l'on sait. Comme François Mitterrand, prisonnier de la politique du « franc fort » menant à l'euro, comme Jacques Chirac subissant l'obsession anti-inflationniste du Président de la Banque Centrale Jean-Claude Trichet, Nicolas Sarkozy n'a pas pu, bien évidemment, mener longtemps une politique écartelée entre ses engagements à Paris et ses engagements à Bruxelles. Au bout d'un moment, le rappel à l'ordre de Berlin et Bruxelles a signé la fin de la récréation et la rigueur contreproductive s'est abattue sur le pays, ne pouvant conduire qu'à la déroute politique.

La contradiction entre l'engagement européen aveugle et les promesses présidentielles est d'autant plus forte sous le quinquennat de Nicolas Sarkozy qu'il avait axé toute sa campagne – contre l'euro cher, les délocalisations, l'immigration clandestine – sur sa volonté de guérir la France des maux justement causés par la politique bruxelloise.

Mais comme tous les promoteurs de l'euro qui ne veulent pas reconnaître leur erreur fondamentale, le président de la République préfère subir la déroute, les troubles sociaux et politiques plutôt que d'organiser avec intelligence la retraite ; plutôt que de refonder l'Europe sur des bases saines. Le voudrait-il, il est en vérité impuissant à redresser le cap. Bien que parfaitement irresponsable, butée et approximative, ce n'est pas la conduite de l'euro qui est coupable de sa sortie de route, c'est l'euro seul qui porte en lui un vice de fabrication irréformable.

Combien de chômeurs faudra-t-il encore pour enfin rappeler ce produit défectueux et mortel ?

Comme l'a écrit avec talent l'économiste Alain Cotta : « Le seul choix qui reste est de mourir à petit feu ou de sortir de l'euro. »

CHAPITRE III

L'EURO : LA DEVISE QUI DIVISE

« Ils n'ont qu'à vendre leurs îles ! » lancent les Allemands. « Faut-il obéir au IVe Reich ? » répondent les Grecs… Voilà comment les peuples se parlent, aujourd'hui, en Europe, par presse interposée. Comment en est-on arrivé là ? Et ce beau rêve de grandeur et de paix, d'une Europe « unie dans la diversité » ? Oublié. Piétiné. Car l'Europe n'a pas pris le bon chemin. Elle a préféré l'uniformité à l'unité. La concurrence à la coopération. La monnaie unique à la monnaie commune. Un système qui ne pouvait, tôt ou tard, que s'effondrer. Et l'euro, censé bénir l'union, n'a fait qu'exacerber les différences, creuser les distances, intensifier les exaspérations.

Car c'est cela l'euro : un costume standard dans lequel le plus grand est à l'étroit, le plus petit trop au large ! Et si encore, il allait à quelques-uns ! Mais c'est là que le bât blesse : une politique monétaire unique ne convient à personne ! Car l'Europe n'est pas un espace économique, social et politique uniforme !

À la base, l'Europe n'est pas ce que les économistes appellent une « zone monétaire optimale ». Il faut deux critères pour déterminer un espace géographique apte à partager la même monnaie : d'une part, la mobilité générale des travailleurs, d'autre part, un budget central permettant d'aider les régions en perte de vitesse économique. La zone euro ne répond à aucun des deux ! La mobilité des travailleurs y est très limitée et le budget central ne correspond qu'à 1 % du PIB de la zone, contre 20 % aux États-Unis.

Pour la mobilité des travailleurs, nous ne sommes pas aux États-Unis, nous n'avons pas 200 ans ; nous sommes en Europe et nous avons 2000 ans. Qu'on le veuille ou non, ça laisse des traces. L'Europe, ce n'est pas une nation, avec une même langue, un même espace, des mêmes habitudes, ce sont des nations, avec des langues, des cultures, des histoires qui s'enrichissent d'être différentes. Avec des conséquences pratiques que certains peuvent déplorer mais qu'il faut admettre : si on perd son boulot quelque part en France, on ne part pas, comme on peut le faire aux États-Unis, avec le mobil-home sur le camion, pour trouver des jours meilleurs dans un autre état. Parce que, par exemple, il y a fort à parier qu'on n'y parlera pas la même langue. Ce qui est possible au sein d'une même nation ne l'est pas au sein d'un continent large et divers comme l'Europe ! On a vu des Bretons ou des Auvergnats monter à Paris, ouvrir leur affaire, parce que le travail se faisait rare chez eux. Mais les faits sont têtus : on n'a pas vu un grand mouvement de Français, ni même d'Italiens ou de Grecs, s'installer, la valise à la main, au cœur de la Ruhr parce que l'activité y était meilleure !

De plus, il n'y a pas un budget européen capable de corriger les déséquilibres de richesses entre les nations, tout simplement parce qu'aucun peuple ne peut accepter de payer des impôts pour un autre. Une aide passagère peut-être, un transfert continu et massif comme le fait l'État italien pour le Mezzogiorno ou l'Allemagne de l'Ouest pour l'Allemagne de l'Est : jamais !

De là, vient le vice congénital de l'euro : il est la monnaie unique d'un espace économique qui ne l'est pas et qui ne peut pas le devenir par décret.

L'euro fait diverger les économies des pays membres au lieu de les faire converger. Deux économistes, (Gérard Lafay, Jacques Sapir) et un banquier d'affaires (Philippe Villin) viennent solennellement de le rappeler dans *Le Figaro* du 12 février 2010: « Dans une telle zone, le pays le plus compétitif (en l'absence de possibilité de dévaluation des autres pays en cas de dérapage de leur compétitivité) finit, peu à peu, par ruiner les autres pays. Cette ruine s'est produite dans certaines régions des États-Unis, de la France ou de l'Italie par exemple ». Ce n'est pas un présupposé théorique : c'est la franche réalité ! Dix ans après la mise en circulation de l'euro, nous avons le retour d'expérience, les chiffres et les preuves.

L'Allemagne se renforce, les autres pays s'affaiblissent, tout simplement parce que l'euro n'a d'abord pas été fait pour tous, mais pour un seul : Parce qu'elle devient unique, la politique monétaire ne peut plus prendre en compte la diversité des situations sociales et économiques. Elle sert seulement l'une d'entre elles et se calque en général sur la plus puissante.

Première puissance économique d'Europe et parmi les toutes premières puissances commerciales du monde, l'Allemagne n'a accepté de

« partager » sa monnaie qu'à la condition de ne pas en changer le mode de gestion, fondé sur la force nominale du deutschemark face aux autres devises comme le dollar et le yen, le refus obsessionnel de toute inflation, l'indépendance absolue de la banque centrale et sur l'équilibre budgétaire, quitte à serrer la ceinture des Allemands les plus modestes.

Voilà l'euro : on le croyait monnaie européenne, il est en fait une monnaie nationale !

Dans un système où la monnaie a partout la même valeur, le seul moyen de rester compétitif et de prendre des parts de marché est de maintenir les salaires plus bas que chez ses voisins, et de gagner ainsi la bataille commerciale. En raison de cette politique de compression des salaires, le coût du travail a progressé de seulement 5 % en Allemagne entre 2000 et 2010, contre 26 % en France, et plus de 40 % en Espagne ou en Grèce ! Avec un double effet : une déprime de la consommation en Allemagne, limitant les besoins en importations, et une forte compétitivité des exportations allemandes par rapport à ses voisins…

D'ailleurs, qui pourrait en vouloir à l'Allemagne de valoriser son atout industriel et de corriger son handicap démographique ?

L'Allemagne, en effet, n'est pas pénalisée par un euro cher car elle vend des produits à haute valeur ajoutée, machines, outils, voitures de luxe. Quant à la démographie, c'est son handicap : quand la France gagne environ 350 000 habitants par an, l'Allemagne en perd 150 000. C'est en Allemagne, et pas en France, que le système scolaire ne gère, au regard de sa population, que 8 millions d'écoliers quand nous en comptons 12. Moins d'habitants, c'est moins de chômage, mais plus de retraités, c'est plus de rentiers. On comprend, dès lors, sa volonté d'accumuler toujours plus d'excédents commerciaux.

L'euro million n'a, en réalité, qu'un seul gagnant depuis sa création : l'Allemagne ! Il suffit de lire, pour s'en convaincre, ce simple graphique dont les courbes parlent d'elles-mêmes. À partir de 2000-2001, l'Allemagne ne fait que gagner des parts de marché dans ses échanges avec ses voisins. Pour paraphraser General Motors, nous pourrions rétorquer ceci : « What is good for Germany is not forcément good pour toute l'Europe ! »

Dans le même temps, tous les autres, tous ses partenaires qui se trouvent en fait être ses créanciers, décrochent. Jusqu'à toucher le sol, à commencer par la Grèce…

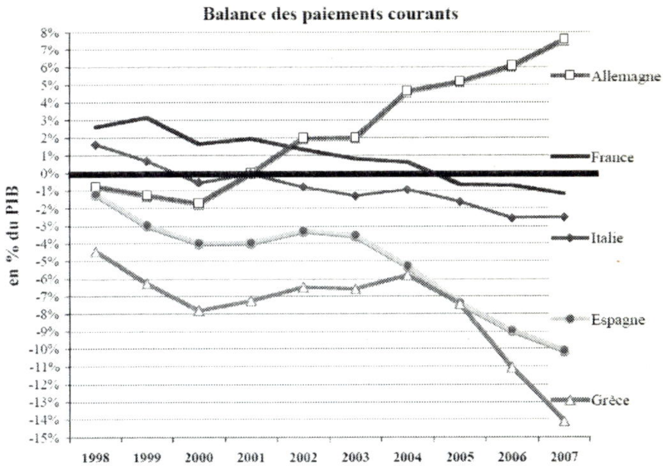

Données : FMI, Eurostat et CEMI-EHESS.

En janvier 2007, la chancelière allemande l'avait bien dit : « L'euro est une monnaie très dure, car elle laisse apparaître, de manière tranchée, là où un pays est compétitif et là où il peut avoir des problèmes ». Et quand Madame Merkel parle de l'exigence de la compétitivité, le moins que l'on puisse dire est qu'elle sait de quoi elle parle.

Toute la question est de savoir comment on corrige les fameux « problèmes » dont parle Madame Merkel. Avant l'euro, la dévaluation purgeait les systèmes, assainissait les comptes, relançait la machine économique des pays en difficulté. Désormais, c'est le chômage et le déplacement des activités d'un pays à l'autre qui servent de variable d'ajustement.

On a vu les déficits commerciaux de pays comme l'Espagne, l'Italie et la Grèce augmenter de façon importante. La France, qui était en excédent en 2000, s'enfonça ensuite dans le déficit. Et ces différences de dynamiques firent le lit de l'endettement de la majorité des pays de la zone euro, dont la crise grecque fut le premier révélateur fracassant.

Le problème n'est pas l'Allemagne, mais la volonté de vouloir faire marcher tous les pays d'Europe au même pas. Il n'en reste pas moins que ses partenaires ont fait les frais de sa stratégie non coopérative, à rebours de ce qui fait le succès des unions monétaires.

L'euro a ainsi joué un rôle de pousse-au-crime en matière de dette, et doublement, en plombant la croissance d'une part et en facilitant l'endettement public de l'autre. Avec les conséquences dramatiques que l'on feint de découvrir aujourd'hui, en Grèce, en Espagne, en Irlande, en Italie… ou en France.

On pointe les fauteurs de déficits qui menacent aujourd'hui l'euro comme les mauvais élèves de l'Europe ! C'est excessif, car, en réalité, avec l'aubaine offerte d'une monnaie virtuelle, apparemment ferme et vertueuse, ils ont ainsi pu profiter d'un « concentré » de subprimes pour des modèles économiques tournant au-dessus de leurs moyens ! Tandis qu'avec une monnaie nationale, les taux auraient été relevés, et la bulle nettement moins importante. L'Espagne ou l'Irlande ont ainsi fondé leur développement sur des investissements immobiliers, d'où les « bulles » du même nom en raison du taux d'intérêt très bas dont elles bénéficiaient. À ce petit jeu, l'Espagne, en 2007, engloutissait à elle seule 50 % du ciment consommé dans toute l'Union européenne ! On vantait alors, la Commission européenne en tête, des modèles de développement équilibrés et « sains », les finances publiques de ces pays parvenant largement à respecter les critères du Pacte de stabilité…

Mais qui peut dire, aujourd'hui, si c'est la légèreté coupable de la Grèce ou l'égoïsme très responsable de l'Allemagne qui sera, pour l'Histoire, jugé responsable de la fin de l'euro ?

Car, ne l'oublions pas, si les autres pays avaient imité l'Allemagne dans sa réduction des coûts, l'Europe aurait connu une récession globale et accélérée, et l'Allemagne n'aurait plus été en mesure de vendre ses produits à qui que ce soit.

Et si les autres, en Europe, avaient imité l'Allemagne, la situation aurait été pire encore pour les salariés européens. Car il faudra bien un jour se mettre cette vérité en tête : les Allemands, qu'on regarde comme un exemple, qu'on écoute en se flagellant comme si nous étions des cancres, ne sont pas nécessairement plus vertueux, mais ils sont certainement plus exploités ! La pauvreté et les inégalités ont fortement augmenté chez nos voisins d'Outre-Rhin et ce grand pays riche compte aussi ses pauvres. Comment ne pas déplorer, dans une large classe moyenne allemande, la situation de tous ces foyers qui travaillent dur sans gagner plus et seraient sans doute étonnés d'apprendre que, partout en Europe, on les regarde comme des nantis. La compétitivité allemande a un prix : celui de la compression des salaires, celui de l'ultra-austérité budgétaire, celui d'un État de moins en moins Providence… sauf pour les retraités, de plus en plus nombreux, bienheureux d'être sortis de la spirale, et qui peuvent bénéficier d'un système d'abord fait pour les rentiers, en mesure, eux, de thésauriser.

Autant dire que cet attelage ubuesque, déjà suspect, à l'origine, aux yeux de plusieurs pays jaloux de leur liberté, ne les convainc pas davantage à mesure que s'amoncellent les problèmes et les incertitudes. Ni la Grande-Bretagne, ni la Suède, ni le Danemark n'ont voulu rejoindre l'eurozone, malgré tous les sarcasmes et les reproches de mauvais esprit européen que cela leur a valu. À voir leur situation aujourd'hui, et celle de l'Euroland, on ne saurait les en blâmer… On peut faire beaucoup, sans l'euro. Ainsi, en 1992, au moment où l'on adoptait en France le traité de Maastricht, la Suède laissait flotter sa monnaie, la couronne, lui faisant perdre, en l'espace de quelques mois, plus de 20 % de sa valeur par rapport au panier des autres devises étrangères. Résultat : dans le même temps, ses exportations s'envolèrent, pour le plus grand bénéfice de son économie, leur valeur passant de 27 % à 50 % du PIB suédois !

Certains – ceux qui aiment se faire battre – diront sans doute que nous aurions tout à perdre sans l'euro, alors que c'est avec lui que nous avons tout perdu. C'est étonnant. Quand ça ne marche pas chez nous, ce n'est jamais à cause de l'euro. Quand ça marche mieux ailleurs, ce n'est jamais parce qu'ils n'ont pas l'euro !

Il est donc temps de tirer les leçons du fiasco. L'euro, par sa conception originelle, n'a pas amorti la crise mondiale, il l'a amplifiée. Et les mesures « de sauvetage » à venir ne vont faire qu'accélérer la banqueroute.

Et pourtant, tenant fermement le volant d'une voiture mal conçue que ses constructeurs auraient dû aussitôt rappeler, les dirigeants de l'euro accélèrent encore, dans l'impasse où ils nous ont tous engagés.

Mais alors, à qui profite l'euro ?

Deuxième partie
De la fuite en avant… à la dictature

Chapitre 4

« Il faudra bien que cela soit possible, Monsieur le Député… »

Six mois de débats, des millions de manifestants dans la rue : la fameuse réforme des retraites ! Une réforme qui tourne au psychodrame, au réveil des luttes sociales, aux invectives droite-gauche. Même les jeunes se trouvent enrôlés… But de l'opération pour le gouvernement : il faut dégager 20 milliards d'euros pour financer les pensions de nos aînés.

Mais l'histoire ne s'arrête pas là. Tandis qu'on économise les précieux 20 milliards d'euros, au prix de sacrifices considérables, au prix de décisions humaines lourdes de conséquences, pour les femmes notamment, qui paieront si cher et si longtemps les interruptions dans leurs parcours professionnels, on consent, dans le dos des Français, pendant un sombre débat parlementaire au creux de la nuit, à injecter 17 milliards d'euros dans le plan de sauvetage à destination de la Grèce. 17 milliards, c'est 256 euros par Français ! 256 euros volés à chaque contribuable français pour renflouer les banques et dont les Grecs ne verront jamais la couleur.

Il fallait, coûte que coûte, sauver l'euro. Car les plans de sauvegarde, ce n'est jamais pour les peuples, et c'est toujours pour l'euro. Avec toujours plus d'argent pour les banques, et toujours plus de sacrifices pour les peuples.

Je me souviendrai longtemps de cette mémorable séance à l'Assemblée nationale : j'avais réussi à décrocher une motion de procédure, c'est-à-dire un temps de parole de trente minutes, pour m'adresser à mes collègues. Il était question du plan d'aide à la Grèce. Je me souviens, au début, des sourires moqueurs réservés à ceux qui ne pensent pas comme vous, qui campent sur leurs positions et qui ne se retrouvent pas dans l'Union des Moutons de Panurge. Puis, peu à peu, un certain silence se fit. Les plus courageux acquiescèrent, de quelques mouvements de têtes approbateurs, aussitôt réprimés pour ne pas être remarqués. Je vis même, à la fin de la séance, un de mes collègues, député UMP, venir vers moi et me confier : « C'est toi qui as raison. Et nous sommes nombreux, crois-moi, à être d'accord avec toi. Mais tu comprends, l'Europe, il ne faut pas apparaître contre, les électeurs ne comprendraient pas... Je vais voter pour le plan de sauvetage. Je ne peux pas faire autrement. Mais, crois-moi, je sais que je serai lâche aujourd'hui... »

Ils votèrent tous comme lui, ce jour-là. Ils consentirent tous à signer le chèque payé par les contribuables français. Pour rien. Unis dans un même vote, UMP et PS. D'un côté, les socialistes qui manifestent contre la rigueur à Paris mais se lavent les mains de l'austérité à Athènes. De l'autre, les UMP prêts à tout pour sauver leur Europe de riches. À moins qu'ils ne soient tous du même côté, mais toujours dos au peuple ! Je pensais, du haut de l'hémicycle, à tous ces soi-disant socialistes, qui font mine de lutter, en France, contre la souffrance sociale, mais qui applaudissent des deux mains quand on serre la vis à Athènes ; qui attendent Dominique Strauss-Kahn comme le Messie, lui qui impose à la Grèce, depuis son grand bureau de Washington, un plan d'austérité auquel elle ne survivra pas... Depuis que le PS est entré en religion européiste, il a définitivement abandonné le peuple qu'il prétendait défendre. De Gaulle avait vu juste, qui disait : « Je n'aime pas les socialistes parce qu'ils ne sont pas socialistes ; et je n'aime pas les miens parce qu'ils aiment trop l'argent ! »

Et pourtant ils savent bien, comme tout le monde, à quoi serviront en fait ces milliards prêtés à la Grèce. Ils savent bien où ira tout l'argent de ce fonds de soutien, financé par les contribuables européens, Français et Allemands en tête : dans la poche des banques ! La voilà la réalité crue et que nul n'ignore : le fonds de soutien, payé par les contribuables européens, doit permettre de rembourser l'argent que la Grèce doit aux banques, grecques et étrangères ! Ainsi, les banques sont sûres d'être renflouées, elles ne prennent aucun risque et demandent le prix fort, en obtenant de l'Europe qu'il n'y ait aucune restructuration de la dette. Et dans le même temps, le contribuable européen prend sur lui tout le risque – car qui peut croire que ce prêt ne sera pas, dans ces conditions, un don sans retour ? – et en paiera le prix ! D'un côté, le contribuable qui prend le risque et qui paye, de l'autre, les banques qui gagnent à tous les coups, empochant les primes de risque sans assumer le risque : c'est cela la grande générosité du plan de sauvetage ! Un plan de sauvetage des banques, plutôt que de la Grèce !

Il faut le dire : ce plan ne va pas se contenter de ne rien sauver du tout, il va accentuer encore les vices de l'euro, creuser les écarts à l'intérieur de la zone et sacrifier tous les efforts auxquels consentent les peuples et qui auraient dû servir à leur reprise économique.

S'il y a un moment dans la triste histoire de l'euro où il a le plus tourné le dos à la croissance, à la productivité, à la compétitivité, c'est aujourd'hui, c'est depuis le lancement de ce plan de sauvetage qui apparaît comme le dernier spasme effréné d'un système qui tue, mais qui ne veut pas mourir.

Alors bien sûr, nous allons entendre des fables. Mais elles risquent cette fois de ne pas nous endormir. Toutes ces fables répétées en boucle sur les ondes par ces experts hautains, par ces aveugles qui refusent la réalité et nous demandent de croire, par ces pseudo-pompiers qui ne cessent chaque jour d'allumer la mèche…

« L'euro nous protège », dit la première fée. C'est sans doute pour cela que la crise américaine a eu ses premiers effets chez nous et nous a laissé les derniers à en sortir. « Regardez, nous dirent-ils, grâce à la monnaie unique, nous n'avons pas eu de crise monétaire entre pays européens, ce qui se serait produit et aurait été catastrophique pour l'Europe ! »

Ils oublient néanmoins de préciser que l'euro n'a en réalité fait qu'aggraver les répercussions d'une crise qui était partie des États-Unis, mais à laquelle l'Europe est en train de payer un tribut plus lourd et beaucoup plus durable que le Nouveau Monde, déjà en voie de convalescence.

Car, enfin, comment donner le moindre crédit au mythe de l'euro bouclier ? Cet euro qui ne nous a pas prémunis contre nous-mêmes, ne l'a pas fait davantage contre l'extérieur. L'Europe a connu une récession plus violente que les États-Unis, d'où la crise est pourtant partie, et elle est en train d'en sortir beaucoup plus tardivement qu'eux. En attestent les performances économiques des deux côtés de l'Atlantique, avec une récession en 2009 de 4 % en Europe contre 2,5 % aux États-Unis, une prévision de croissance pour 2011 de respectivement 1,5 % en Europe et 3,1 % aux États-Unis. Joli bouclier ! Puis, les marchés ont attaqué la zone, faisant mentir la dernière promesse d'un euro stabilisateur des économies européennes.

« Il y a certes quelques vilains petits canards, dit la seconde fée, de méchants spéculateurs qu'il faut craindre. » C'est sans doute pour cela que, plus que jamais et parce que le système euro le commande, les investisseurs fuient vers la qualité – en Allemagne – et spéculent sur le prochain pays qui tombera en faillite, faisant trembler l'Espagne, l'Irlande et, demain, la France ! Cela n'a rien d'extraordinaire, les marchés financiers s'attaquant toujours aux maillons faibles du système par ordre croissant de fragilité. La question posée à travers leurs attaques est tout simplement celle de la viabilité de la zone euro, décidément trop disparate. La monnaie unique n'a en réalité qu'encouragé l'attaque des maillons faibles, rendant leur fragilité contagieuse à toute l'Europe !

« Tout cela n'est que passager, la tempête va se calmer », tente la dernière fée au-dessus du berceau, admettant : « Des crises, l'euro en a vu d'autres ! » Mais c'est en vérité dans la nature propre de l'euro, de générer la crise, la déprime, les délocalisations, la baisse des salaires, le chômage de masse.

La crise de l'euro n'est pas conjoncturelle, elle est bien sûr structurelle. Cette crise structurelle de la zone euro est connue depuis des années. Nombreux sont les économistes qui l'ont pointée du doigt. De surcroît, la surévaluation de l'euro, fruit de l'aveuglement et du dogmatisme de la

Banque Centrale européenne, a aggravé les difficultés. Jean-Jacques Rosa, Jacques Sapir, Alain Cotta, Michel Aglietta, deux Prix Nobel, Maurice Allais et Joseph Stiglitz, et beaucoup d'autres encore, ont expliqué que les divergences entre les principaux pays de la zone euro seraient de plus en plus fortes jusqu'à l'explosion inéluctable du système.

Qu'on ne nous dise donc pas que le programme va être momentanément interrompu, le temps d'un petit réglage ! Chaque jour de l'euro est un jour de plus vers l'enfoncement de l'Europe dans une crise structurelle durable. Ce qui se passe en Europe, c'est que la réalité rattrape la fiction. En économie, on finit toujours par payer.

L'enjeu est désormais de ne pas payer pour rien. Et c'est pourtant bien ce qui nous attend avec le plan de sauvetage de l'euro. Cette stratégie mortelle, où l'euro joue son va-tout, se perd en vérité dans trois impasses.

L'impasse financière d'abord. Les plans de soutien alambiqués mis en œuvre sont très inadaptés aux besoins des pays sinistrés : on leur consent des prêts pour rembourser leurs prêts. De l'endettement pour résoudre du surendettement, chacun sait ce qu'il faut en penser ! D'autant qu'on refuse de renégocier la dette !

L'impasse économique ensuite. Comment rétablir la solvabilité de ces pays malades sans rétablir leur compétitivité économique, laquelle, et elle seule, pourrait leur permettre de sortir progressivement la tête de l'eau. Mais comment rétablir cette compétitivité sans dévaluer, sans sortir de l'euro ? Cela ne s'est jamais vu dans l'histoire et paraît tout autant inconcevable sur le plan théorique ! L'Argentine nous offre ainsi un exemple intéressant : lorsqu'elle a d'abord cherché à s'arrimer à la zone dollar, en maintenant la valeur de sa monnaie à son point le plus haut pour ne pas décrocher, elle n'a récolté que dépression et s'est épuisée. Quand, à l'inverse, elle a décidé de dévaluer, sa croissance s'est envolée et c'est là qu'elle s'est trouvée en situation de jouer à armes égales avec la zone dollar !

Et l'impasse politique enfin. L'impasse politique dans les pays qui prêtent. En effet, à quoi bon pour les pays créanciers, dont le nôtre, déverser des prêts qui ne sont pas extensibles à l'infini dans de pareils tonneaux des Danaïdes ? Les Allemands, les premiers, finiraient par se lasser de jeter leur argent aux quatre vents !

Et l'impasse politique dans les pays qui souffrent : les Grecs qui voient l'austérité plus que la sauvegarde et qui constatent que rien ne change tant que l'euro est là ! Que rien ne change tant qu'on les empêche de baisser la valeur de leur monnaie ! Et qui voient les touristes passer au-dessus de leur tête direction la Turquie, où la monnaie est moins chère, tout simplement. Et partout dans ces pays qu'on appelle avec mépris les pays du Club Med, les pays du Sud de l'Europe, c'est la même chose… Aujourd'hui, au Portugal, en Espagne, l'espoir a disparu ; les salaires dégringolent, les appartements ne se vendent plus, les caddies sont plus légers quand on les pousse et il ne reste que les valises à remplir ou les yeux pour pleurer.

Et on croit que les peuples ne vont pas réagir ?

Je me souviens de cette autre séance à l'Assemblée nationale. Nous étions, cette fois-ci, en commission restreinte, celle des Affaires européennes, pour l'audition de Christine Lagarde.

Ma question à Christine Lagarde fut très simple : « Voici les chiffres que vous connaissez mieux que moi, Madame le Ministre. L'inflation et le coût du travail ont augmenté de 5 % en dix ans en

Allemagne, tandis qu'ils ont augmenté de 20 % en Espagne, de 40 % en Grèce. Comment l'Espagne, comment la Grèce, peuvent, sans la possibilité de dévaluer, exporter alors que leurs coûts sont si chers ? Cette équation, personne n'a jamais pu y trouver une solution, à moins de conduire une politique écrasante pour les salariés. Alors, comment faut-il faire ? »

Et j'obtins cette réponse, extraordinaire de mépris, lancée avec un regard qui fusille : « Il faudra bien que cela soit possible ». Dédain terrible, aveu d'impuissance. Comme on crache au visage des peuples, comme on piétine une nation.

J'en suis resté bouche bée, et elle, crispée de colère. Elle ne savait donc pas. À la fin de la séance, je tentais un tête-à-tête, une confrontation privée : Que voulait-elle dire ? Était-elle en train d'admettre que la seule solution était de réduire de 40 % les salaires en Grèce ? De 20 % en Espagne ? Et en France, de combien ? C'était donc cela, sa belle Europe ?

Depuis cet échange, je n'obtins de Christine Lagarde qu'un silence de mort, qu'un évitement soigné. Un mélange de mépris et de reproche. Comme si elle avait compris que j'avais décelé le gigantesque bluff dont elle était complice. À moins que ce ne soit que de l'incompétence. Et un ministre de la France, un ministre du G 20, n'aime pas qu'on lui prouve qu'il n'est ministre de rien. Qu'il met en œuvre des mesures inefficaces, inutiles, inexistantes. Qu'il n'est chargé seulement que d'une mission : celle de défendre un dogme. Un dogme mortel.

Pourtant, si l'on veut sortir du prêt-à-penser, on sait bien qu'il y a d'autres voies à emprunter. Pour la Grèce, les solutions étaient là : une restructuration partielle de la dette pour que les banques assument leur part de risque, car ce sont bien elles qui ont investi avec crédulité et qui, imprudentes, ont plongé le pays dans la banqueroute. Une fois la dette allégée, on pouvait l'allonger, l'échelonner et permettre ainsi à la Grèce d'étaler ses remboursements, pour éviter d'étouffer son économie. Si tous les efforts consentis, tous les bénéfices péniblement dégagés sont aussitôt engloutis dans des comptes en banques fermés à double tour, à quoi sert de se serrer la ceinture et de se retrousser les manches ? Et enfin, ultime solution, il fallait bien entendu sortir l'euro, monnaie trop chère qui annule aussitôt toute velléité de renouer avec la croissance…

Mais la véritable explication, la voici :

En déclarant à Davos, face aux puissants de ce monde, que l'euro n'était pas qu'une question monétaire ou économique, mais avant tout un projet identitaire, Nicolas Sarkozy a enfin fait tomber le masque des intérêts qu'il protège.

En effet, cette déclaration du chef de l'État français résonne comme un terrible aveu. S'il tient tant à sauver l'euro, ce n'est donc pas parce que l'euro serait le meilleur instrument monétaire ou économique pour la France, mais bien parce qu'il correspond à un projet plus ambitieux : imposer à la France une « identité » qui n'est pas sienne, un système qui doit bien voir ses gagnants.

Le chef de l'État français est donc prêt à sacrifier l'économie française sur l'autel d'une question d'intérêts pour le moins ambiguë.

Chapitre 5

L'affaire France trésor

Vous connaissez le scandale Mediator ? Voici le scandale « France trésor » !

Même silence coupable, mêmes conflits d'intérêts, mêmes conséquences dramatiques.

Comme le Mediator, le système euro est un médicament qui tue ceux qu'il prétend soigner.

Comme le Médiator, ceux qui autorisent et évaluent sont aussi ceux qui profitent.

Comme le Mediator, les puissances d'argent et les autorités censées les réguler se tiennent par la main, puis se renvoient mutuellement la responsabilité.

Comme le Mediator, tout le monde savait depuis longtemps mais laissait faire et se taisait. Jusqu'au jour où il fut impossible de cacher le nombre des victimes.

Jusqu'au jour où un survivant put enfin parler, au nom de ceux, trop nombreux, qui avaient disparu.

Si, comme on l'a montré, il n'y a que des gagnants à l'abandon de l'euro, pourquoi dure-t-il encore ? Certains auraient-ils quelque chose à perdre de la fin de l'euro ? Voici l'enquête.

Tout commence en 1972. Nous sommes le 22 décembre, Noël approche. Dehors, il fait froid, mais les rues de Paris sont encore pleines de gens pressés qui s'activent à la recherche du dernier cadeau à mettre sous le sapin. On quitte le travail plus tôt que d'habitude, car le cœur est plus à la famille et à la fête, qu'au bureau et aux rapports… Et pourtant, en passant devant le ministère de l'Économie, on aperçoit encore, là-haut, tard dans la nuit, une lumière allumée dans le bureau du ministre… C'est, à l'époque, Valéry Giscard d'Estaing. Pourquoi donc ne fait-il pas comme tout le monde ? Sans doute règle-t-il une affaire importante, dans l'intérêt de la France, et qui ne peut attendre…

La vérité, on ne la connaîtra que le 2 janvier 1973 : ce jour-là, on apprend la promulgation de la fameuse loi signée quelques jours plus tôt par le sinistre ministre : il sera désormais interdit à l'État de créer de la monnaie pour financer sa dette ou ses investissements ! Voilà donc ce qui se trame, dans le dos des peuples et sous les ors de la République, à la veille de Noël ! L'abandon de la France, de l'État et de ses pouvoirs régaliens mérite-t-il un si grand empressement ?

« Le Trésor public ne peut être présentateur de ses propres effets à l'escompte de la Banque de France. » (article 25 de la loi dite « Loi de 1973 ») Avant 1973, lorsque l'État français avait besoin de trésorerie, il demandait à sa banque – la Banque de France – de le financer. En échange d'une reconnaissance de dette, la banque lui prêtait la monnaie demandée, en la créant instantanément. C'est ce qu'on appelait « créer de la monnaie » : injecter dans l'économie les moyens nécessaires pour faire face à de nouveaux besoins et pour investir. Et favoriser ainsi, par la création de monnaie, la création de richesses. Giscard voulait-il prendre une revanche sur de Gaulle et sa politique, basée justement sur les grands programmes d'investissements financés grâce à la politique monétaire volontariste de la création de monnaie ? « Achat à crédit ! Spéculation ! », contrediront certains. Et pourtant : cette solution, celle de l'émission monétaire directe par la Banque de France, ne vaut-elle pas mieux – quand elle est gérée sans excès pour éviter un surcroît d'inflation – que de la confier à des banques privées ? Notre célèbre et unique Nobel de l'économie français, Maurice Allais, ne disait pas autre chose quand il écrivait : « Toute création monétaire autre que la monnaie de base par la banque centrale doit être rendue impossible, de manière que disparaissent les faux droits, résultant actuellement de la création de monnaie bancaire », c'est-à-dire par les banques privées. Cette injection de monnaie par la Banque de France, propriété à 100 % de la nation, évite du même coup de payer des intérêts. Un avantage que toute personne qui bénéficie d'un prêt saura apprécier…

Et pourtant, ce système de dépossession que la France s'était imposé, cette liberté dont elle s'était aliénée, le traité de Maastricht les figea, enfermant plus encore la France dans les chaînes qu'elle s'était elle-même imposées :

Au cœur de l'euro et des traités européens, il y a l'article 123 du traité de Lisbonne, abusivement dit simplifié, et anciennement article 104 dans le traité de Maastricht, qui interdit à la Banque centrale européenne comme à ses succursales nationales de prêter directement aux États et à leurs émanations.

« Il est interdit à la Banque centrale européenne et aux banques centrales des États membres, ci-après dénommées “banques centrales nationales”, d'accorder des découverts ou tout autre type de crédit aux institutions, organes ou organismes de l'Union, aux administrations centrales, aux autorités régionales ou locales, aux autres autorités publiques, aux autres organismes ou entreprises publics des États membres ; l'acquisition directe, auprès d'eux, par la Banque centrale européenne ou les banques centrales nationales, des instruments de leur dette est également interdite. » (!)

Cette interdiction signifie en clair que la France est maintenant obligée de financer sur les marchés financiers et par les banques privées, qui plus est en payant des intérêts, les besoins qu'elle ne peut plus couvrir par des recettes budgétaires, y compris pour les investissements qui profiteront aux générations futures. Ce système entraîne un véritable scandale : les banques privées empruntent auprès de la Banque centrale européenne à des taux dérisoires et prêtent cet argent aux États à des taux prohibitifs, tout en les appelant au secours dès que leurs bêtises en bourse menacent de les mettre sur la paille. À ce sujet, l'économiste Jacques Sapir s'interroge : « Pourquoi la Banque centrale européenne prête-t-elle à 1 % aux banques, alors que le gouvernement doit emprunter à 3,50 % ? », sans parler des prêts à 6 ou 7 % pour des pays du Sud de l'Europe. Les montants sont colossaux : pour 100 milliards empruntés sur 20 ans à 3 %, le pays doit rembourser 180 milliards. Ce sont ainsi les banques privées qui détiennent le gros des dettes souveraines des États européens en difficulté et qui font pression pour qu'il n'y ait pas de restructuration de ces dernières, synonymes pour elles de pertes sèches, comme on l'a vu avec la Grèce. Ce sont elles qui ont inspiré les plans de sauvetage qui consistent tout simplement à « refiler » aux États, c'est-à-dire aux contribuables, leurs créances non fiables.

Et ailleurs, est-ce aussi ce choix soi-disant raisonnable qui a été fait ? Non. Nulle part.

Des pays comme les États-Unis, ou la Grande-Bretagne n'hésitent pas à se servir de cette possibilité dès que les besoins de leur économie le nécessitent. Alors pourquoi pas nous ? Nouveaux choix stratégiques ? Meilleures solutions économiques ? Rien de cela. Ce serait oublier que la France ne maîtrise plus sa monnaie, ni par conséquent sa politique économique. Non, ce qui empêche aujourd'hui cette option, c'est une interdiction pure et simple comme l'Europe les aime tant, et la France avec elle.

Ce mécanisme cynique est à la fois le signe d'une Europe dogmatique et d'une Europe qui a ses pauvres mais aussi ses riches ; ses victimes mais aussi ses profiteurs.

Alors que les Français subissent la hausse du chômage ou la hausse des tarifs de l'électricité, liés à une autre réforme européenne scandaleuse, ce n'est pas la crise pour tout le monde ! Ainsi, les chiffres publiés par les deux plus grandes banques françaises sont proprement incroyables ! Pour le premier semestre 2010, la BNP a dégagé un résultat net de 4,4 milliards d'euros, et une marge nette après impôt de près de 20 % ! Du côté de la Société Générale, les profits ont tout simplement triplé ! Le secteur bancaire se remet décidément bien de la crise !

Contraints de nous tourner vers les banques privées et les marchés financiers, nous payons ainsi chaque semaine 1 milliard d'euros d'intérêts – plus de 50 milliards d'euros par an – à des investisseurs privés, soit 2 600 euros par foyer fiscal imposable. Le tout, sans parvenir à rembourser le moindre centime de capital emprunté ! C'est maintenant plus que l'impôt sur le revenu perçu en France et c'est autant de financement qui disparaît des capacités d'action de l'État et des administrations publiques.

Et voici comment ce qui devait être un cercle vertueux se transforme en cycle infernal. Bien évidemment, nous devons réduire notre endettement. Bien évidemment, nous devons maîtriser nos dépenses publiques. Bien évidemment, nous devons réformer nos structures publiques. Mais, sous prétexte de décisions prétendument courageuses, on finit par consentir à des réformes inadaptées et disproportionnées et sans en tirer aucun bénéfice ! À force de ne pas réformer ce qui doit l'être – notre dépendance à l'euro –, on prend le risque de réformer à l'excès tout le reste ! Jusqu'où ira-t-on ? 100 000 fonctionnaires en moins depuis 2007 ! 30 000 professeurs en moins dans les lycées, 10 000 fonctionnaires en moins dans la police… Tous les jours, à la mairie, je vois passer dans mon bureau le policier privé de moyen, la mère d'élève qui se demande si son fils aura un professeur devant lui à la rentrée prochaine… Santé, police, école : faut-il tout détricoter de nos services publics ? Si, à un moment, il y a eu des excès de recrutements, aujourd'hui c'est le cœur de notre pays lui-même qui est atteint, c'est l'État qui s'affaiblit et on entame l'avenir de la nation. Et enfin, faut-il tout sacrifier aux banques ? Des banques dont nous devons payer les intérêts d'emprunts exorbitants ! Faut-il le rappeler ? Sans ses intérêts mirobolants, la dette de la France serait déjà entièrement épongée…

Ces profits sidérants démontrent plusieurs choses. D'abord, que le ralentissement économique ne semble pas avoir d'impact sur les banques, mais qu'il aurait presque au contraire pour elles des allures d'aubaine. Comme un rentier qui viendrait prélever sa dîme sur un débiteur le suppliant de lui laisser juste ce qu'il faut pour vivre. Ensuite, deuxième leçon, que les valeurs sont inversées : c'est l'argent qui préfère asservir plutôt que de servir ; ce sont les banques qui sortent de leur rôle d'intermédiaires pour se faire bénéficiaires, qui ponctionnent l'économie au lieu de l'irriguer. C'est un système pervers, dont les dés sont pipés : si les profits et les cours boursiers montent, c'est le jackpot ; si les cours s'effondrent et les créances hasardeuses s'avèrent valoir zéro, c'est… le jackpot aussi, le contribuable étant là, taillable et corvéable à merci, pour permettre aux banques de continuer l'orgie d'argent facile. Ainsi, ce système est le signe d'un secteur bancaire qui ne vient pas injecter de la vitalité, de la liquidité, du sang neuf dans l'organisme économique, mais qui s'apparente, au contraire, à une sangsue qui vient se payer sur la bête, qui vient happer le moindre centime créé par l'économie productive.

Et le scandale ne s'arrête pas là. Car il faut bien que ce système pervers s'alimente, et s'alimente grassement. Et qu'il ne perde rien quand éclate la crise qu'il a lui-même installée ! Pour compenser leurs pertes sur les marchés financiers, avant même que la crise ne vienne frapper le tissu de nos entreprises, les banques ont décidé de changer les règles du jeu. Ainsi, pour payer les bonus astronomiques, les boursicoteurs ont eux-mêmes attaqué la banque ! Et l'on vit les services bancaires proposés aux particuliers se faire plus lourds. Et, plus grave encore, on vit les banques supprimer leurs crédits aux PME, les transformant en autorisation de découverts coûteux, et dangereux. Dangereux pour l'entreprise, au moment d'affronter la crise. Juteux pour le trader, finançant là son bonus. On pourrait penser naïvement qu'un trader de Paris, de Londres ou de Washington, ne mérite peut-être pas de bonus quand il contribue ainsi, en jouant au casino, à plonger la planète dans la plus grave crise qu'elle ait connue depuis 1929. Mais on se trompe. En 2007, c'est une prime moyenne de 160 000 dollars que chaque trader de Wall Street a empochée et en 2009 en pleine crise, ce sont pour les seuls États-Unis près de 20 milliards de bonus qui ont été distribués.

Au cœur de la crise, l'Europe avait la faculté historique de brider les excès du système de spéculation assis sur les paradis fiscaux, les acrobaties financières, un défaut de contrôle public et, surtout, des banques rapaces, promptes à faire payer les pots cassés aux citoyens. Il n'en a rien été : l'Europe n'a rien régulé du tout, ou si peu, tandis que la plupart des pays, à commencer par la France de Nicolas Sarkozy, renflouaient ceux que certains appellent des « banksters » !

Bien sûr, tout ce petit monde qui n'a que « risques » et « responsabilités » à la bouche, tant qu'il s'agit du commun des mortels, vit dans un système totalement déresponsabilisé où l'on gagne à tous les coups. Car l'euro, c'est le choix délibéré d'un système au bénéfice des banques plutôt que des économies.

Jefferson, le père de l'indépendance américaine, conscient que la liberté est un bien fragile, avait dit un jour, comme s'il avait vu par avance la crise venue d'Amérique qui nous submerge aujourd'hui : « Je pense que les institutions bancaires sont plus dangereuses pour nos libertés que des armées entières prêtes au combat. Si le peuple américain permet un jour que des banques privées contrôlent sa monnaie, les banques et toutes les institutions qui fleuriront autour des banques priveront les gens de toute possession, d'abord par l'inflation, ensuite par la récession, jusqu'au jour où leurs enfants se réveilleront, sans maison et sans toit, sur la terre que leurs parents ont conquis. » Étrange prémonition qui aurait dû nous mettre en garde ! Déjà pourtant, un banquier du début du siècle lui répondait en écho : « Donnez-moi le droit d'émettre et de contrôler l'argent de la nation, et alors peu m'importe qui fait ses lois. »

Dans un modèle de « conflit d'intérêt », que la France fait mine de pointer du doigt depuis le scandale du Mediator, il existe une agence de l'État, sous l'autorité de Bercy, qui s'occupe de placer la dette de la France sur les marchés internationaux des capitaux. Cet organe public français, officiel, porte un nom tout symbolique, mais qui apparaîtra à de nombreux Français quelque peu contradictoire : c'est l'agence France Trésor. Pour les membres de ce noble établissement, les deux mots résonnent bien ensemble, pourtant. On aurait peut-être même dû l'appeler France magot ! Cette instance abrite une brochette du nec plus ultra de la finance française et mondiale, dont chacun jugera de la parfaite impartialité. La mission – impossible – consiste pour ces grands banquiers à « gérer la dette et la trésorerie de l'État au mieux des intérêts du contribuable », tout en feignant d'oublier qu'ils appartiennent chacun, d'abord et avant tout, à l'une de ces mêmes banques qui n'a rien à gagner à ce que la dette en France s'amenuise ! Qu'on en juge à la lecture de la composition du comité stratégique, chargé « en particulier de donner sa lecture propre des principes qui gouvernent la politique d'émission de l'État et la gestion de sa trésorerie, ainsi que de se prononcer sur les pratiques en cours et les éventuelles évolutions à venir » (voir : www.francetresor.gouv.fr) :

Président :
M. Jacques de Larosière
Ancien gouverneur de la Banque de France et conseiller du président BNP Paribas

Membres
M. Peter R. Fisher
Co-responsable de la gestion obligataire chez BlackRock (fonds spéculatif américain, de ceux que Nicolas Sarkozy dit pis que pendre lorsqu'il lui prend de les morigéner !)
Ancien sous-secrétaire du Trésor américain

M. Jean-Louis Fort
Ancien secrétaire général de la Commission bancaire

M. Francesco Giavazzi
Professeur d'économie à l'université Bocconi (Milan)

M. Jean-Pierre Halbron
Ancien directeur général adjoint d'Alcatel

M. Emmanuel Hau
Membre du directoire de la Compagnie financière Edmond de Rothschild

M. Philipp Hildebrand
Vice-président de la direction générale de la Banque nationale suisse

M. René Karsenti
Président exécutif de l'International Capital Market Association

M. Ng Kok Song
Directeur général de Government of Singapore Investment Corp.

M. Bertrand de Mazières
Directeur général des finances à la Banque européenne d'investissement (BEI)

Le président de ce Comité stratégique, Jacques de Larosière, occupe par ailleurs la fonction de conseiller du président de BNP Paribas, sans paraître y ressentir un conflit d'intérêt. Alors que

BNP Paribas est simultanément au nombre de la vingtaine de « Spécialistes en valeurs du Trésor » (les SVT) agréés par Bercy. Dans ce cercle réservé, ce cénacle, se retrouvent les HSBC, JP Morgan, Société générale, Goldman Sachs, ou encore la Royal Bank of Scotland, aujourd'hui nationalisée de facto, dont le contribuable britannique a été prié de combler les trous, à hauteur de quelques dizaines de milliards de livres sterling. Cette vénérable institution financière avait perdu plus de 90 % de sa valeur en bourse. La Royal Bank of Scotland s'est depuis battue pour conserver le droit de distribuer des bonus à ses traders, et vient d'annoncer sa décision d'accorder cette année, à son PDG, l'équivalent de 2 millions d'euros en actions.

Parmi les autres excellents membres des « Spécialistes en valeurs du Trésor » se trouvait Lehman Brothers jusqu'à sa faillite récente. Accident qui incite à s'interroger sur la capacité de discernement des membres d'un comité stratégique dont le rôle officiel est de bien conseiller l'Agence France Trésor, et « de donner sa lecture propre des principes qui gouvernent la politique d'émission de l'État et la gestion de sa trésorerie, ainsi que de se prononcer sur les pratiques en cours et les éventuelles évolutions à venir ». L'implosion des *subprimes* et des mécanismes de titrisation qui avaient gangrené les marchés, puis la chute de Lehman Brothers trop impliquée dans ces opérations, ne relevaient-elles pas des « éventuelles évolutions à venir » ?

Ces Spécialistes en valeurs du Trésor, désignés comme « les contreparties privilégiées de l'Agence France Trésor et de la Caisse de la dette publique pour l'ensemble de leurs activités sur les marchés », sont le rouage majeur vers les marchés, puisqu'ils participent aux adjudications de bons et obligations du trésor et placent ces valeurs auprès d'investisseurs. Ils sont nantis d'un *Code de bonne conduite* et « se doivent de répondre à des pratiques irréprochables ». Spécialistes qui ne semblent pas s'offusquer de ce que Jacques de Larosière puisse être à la fois en poste chez le conseilleur et chez le conseillé, sauf à postuler que les intérêts de BNP Paribas et de l'Agence soient indéfectiblement soudés. L'humour consisterait à convenir qu'ils ne forment qu'un… mais lequel ?!

BNP Paribas pèse très lourd parmi cette vingtaine de Spécialistes en valeurs du Trésor :

2e en importance et par son activité en 2002 ;

1er en 2003 ;

1er en 2004 ;

1er en 2005 ;

1er en 2006 ;

2e en 2007, dépassé par Barclays Capital. Trou d'air de courte durée cependant ;

1er en 2008 ;

1er en 2009 ;

Enfin 1er en 2010, avec une régularité d'ensemble et dans une harmonie que seuls les vieux couples savent entretenir.

Ces liens sont renforcés par le fait que l'Agence a, peu après sa naissance, confié une mission d'étude à BNP Paribas, pour mieux anticiper les évolutions du marché des obligations. Il est permis de demander à quoi sert un comité stratégique composé de luxueux banquiers apportant leurs éclairages, s'il faut parallèlement commanditer aux banques des missions similaires.

L'UBS suisse a été admise parmi ces « Spécialistes en valeurs du Trésor » français. UBS, qui restera gravée dans le souvenir des citoyens helvétiques puisque ses pertes gigantesques ont nécessité le secours, coûteux, de la Banque nationale Suisse. En accord avec le Conseil fédéral de la Confédération suisse, celle-ci a généreusement repris la quasi-totalité des actifs toxiques d'UBS, tandis que cette banque annonçait son intention de continuer ses distributions internes de bonus. L'un des généreux secouristes, Monsieur Philipp Hildebrand, dirigeant de la Banque nationale suisse, est membre du comité stratégique de l'Agence France Trésor, aux côtés de Jacques de Larosière.

Le renflouement d'une UBS poursuivant ses distributions de bonus constitue l'exemple parfait d'une nationalisation des pertes et d'une privatisation des bénéfices. Les acteurs officiels qui ont prêté leur concours à ce jeu de passe-passe se considèrent-ils d'abord comme des représentants publics auprès du privé, ou ne sont-ils pas en réalité les avocats du secteur privé au cœur même des organes de décision publics ?

L'ambiguïté des liens entrecroisés est illustrée par cette présence, au comité stratégique de l'Agence France Trésor, de Philipp Hildebrand, récemment promu président de la direction générale de la Banque nationale suisse, à Zurich. Et ce, alors que plusieurs banques commerciales suisses sont admises comme Spécialistes en valeur du Trésor français, dont le Crédit Suisse First Boston, qui a son siège social dans cette même ville de Zurich. Or Monsieur Hildebrand était auparavant banquier, et est passé notamment par Vontobel, discrète banque privée, située – elle encore – à Zurich, et spécialisée dans la gestion de fortune, souvent pour de riches particuliers auxquels on apporte des conseils sur la meilleure manière de placer leurs deniers, par exemple en bons et obligations d'État.

La gestion de fortune est une grande spécialité de la place suisse, au point de franchir quelquefois les limites de la déontologie, à l'exemple d'UBS, empêtrée dans ses démêlés avec le fisc américain pour des accusations de facilitation de fraude fiscale. En 2009, la justice américaine a suspendu une épée de Damoclès au-dessus d'elle, menaçant de lui retirer sa licence, indispensable pour exercer son activité aux États-Unis. Il est surprenant que la France, victime tout autant d'évasion fiscale et encore plus touchée de par sa mitoyenneté avec la Suisse, ait fermé les yeux au point qu'UBS figurait toujours, début 2011, sur la liste des dix Spécialistes en valeurs du Trésor les plus actifs, liste ainsi validée et cautionnée par notre ministère des Finances censé combattre la fraude fiscale.

Le Crédit Suisse First Boston, quant à lui, a été constitué lorsque le Crédit Suisse a racheté en 1990 la First Boston Corp. Deux anciens dirigeants de cette First Boston, Bruce Wasserstein et Joseph Perella, avaient peu avant fondé leur propre établissement bancaire, la Wasserstein Perella & Co, dont l'ancien dirigeant de la filiale française, Jean-Pierre Halbron, siège au comité stratégique de France Trésor. Cette heureuse coïncidence serait incomplète si Wasserstein Perella & Co n'avait pas été rachetée en l'an 2000 par la Dresdner Bank, pour former la Dresdner Kleinwort Wasserstein. Cette dernière fait partie du petit cercle des Spécialistes en valeur du Trésor français. Le site Internet de l'Agence France Trésor omet de préciser les titres et qualités complets des membres de ce comité stratégique. Par modestie, elle se contente de noter :

M. Jean-Pierre Halbron
Ancien directeur général adjoint d'Alcatel

Puisqu'elle ne rechigne pas à préciser les anciennes fonctions, le bon sens n'aurait-il pas dû l'amener à citer celles qui recoupent plus directement sa présente fonction ? Ne mentionner qu'Alcatel, entreprise industrielle, et oublier une banque, elle-même en partenariat d'affaires avec l'Agence, constitue un oubli malencontreux ou un excès de tact. L'internaute n'a-t-il pas droit à une information élémentaire ?

De même, l'étiquetage d'un autre membre du comité stratégique reste lacunaire :

M. Francesco Giavazzi
Professeur d'économie à l'université Bocconi (Milan)

Peut-être n'aurait-il pas été inutile de préciser que *il Professore* a été accessoirement banquier chez Banco di Napoli.

La loi des séries a gommé le rôle de président du comité d'audit de la banque Espírito Santo et de la Vénétie, occupé par :

M. Jean-Louis Fort
Ancien secrétaire général de la Commission bancaire

La société financière Espírito Santo de Monsieur Jean-Louis Fort se revendique comme « banque de taille humaine à l'écoute permanente de ses clients », spécificité qui permettra de ne pas la confondre lors des réunions du comité stratégique avec la « banque à taille humaine, partageant des valeurs communes », telle que se définit la Compagnie financière Edmond de Rothschild, représentée au même comité en la personne d'Emmanuel Hau.

En matière d'information du public, rappelons que, bien que la Banque nationale suisse représentée ici par Philipp Hildebrand soit la banque centrale de ce pays, elle est statutairement une société anonyme dotée d'actionnaires. Ce caractère privé se retrouve aux États-Unis avec la Réserve fédérale américaine.

La Fed est en réalité d'abord constituée de douze *Federal Reserve Banks* régionales, détenues, contrairement aux croyances de nombreux électeurs, par des actionnaires privés, à savoir par des banques commerciales ou d'affaires. Les dirigeants y sont majoritairement nommés par ces actionnaires privés. Au regard du profil et des carnets d'adresses des membres du comité stratégique de l'Agence France Trésor, est-il interdit d'y voir à nouveau une forme d'entrisme du secteur bancaire privé ?

Jacques de Larosière, tout comme Philipp Hildebrand, est par ailleurs membre du « Groupe des Trente », un petit club privé de grands argentiers internationaux qui se proposent d'approfondir la compréhension de la finance, pour en faire profiter leurs contemporains et les autorités publiques qui les y inviteraient. Le Groupe des Trente a pour président Paul Volcker, à l'origine banquier à la Chase Manhattan Bank, puis représentant de ses pairs en tant que président de la *Federal Reserve Bank* de New York, avant d'accéder au final à la présidence de la Fed elle-même. Le Groupe des Trente entretient la filiation puisqu'il comprend William C. Dudley, actuel président de la *Federal Reserve Bank* de New York, celle des douze *Federal Reserve Banks* qui détient un pouvoir prépondérant au sein de la Fed.

Le prédécesseur de William C. Dudley à cette présidence de la *Federal Reserve Bank* de New York était Timothy Geithner, promu entre-temps secrétaire du Trésor à Washington, c'est-à-dire ministre des Finances. Or, à l'agence France Trésor, siège Peter R. Fischer qui, par un phénomène de chassé-croisé, est ancien sous-secrétaire de ce même Trésor américain. Il a, par la suite, migré dans le secteur privé, responsable mondial des investissements obligatoires pour BlackRock, une firme spécialisée dans les fonds financiers et qui détient la bagatelle de plusieurs milliers de milliards de dollars en gestion. De telles masses d'argent rassemblées en une seule main défient l'entendement, et lui apportent une puissance sans équivalent. Cependant, nul à Bercy ne semble s'émouvoir de l'opposition frontale entre ces diverses fonctions parallèles de l'omniprésent Monsieur Fisher, ni de la capacité de BlackRock à peser indirectement sur l'accueil qui sera réservé par « les marchés » aux adjudications du Trésor français. Le choc est d'autant plus net que, parmi les gros actionnaires de BlackRock, se trouve Barclays Global Investors, à hauteur de près de 20 %. Barclays Capital est l'un des vingt Spécialistes en valeur du Trésor français. Un autre actionnaire important est Merrill Lynch, également présent parmi les Spécialistes en valeur du Trésor. Il est contractuellement convenu entre eux que Merrill Lynch et Barclays PLC auront chacun deux représentants au conseil d'administration de BlackRock. Est-il moralement aisé à Peter Fischer de siéger de la sorte au comité stratégique d'une Agence publique, dont divers interlocuteurs d'affaires sont, par le jeu des multiples filiales, les actionnaires de référence de son employeur principal ?! Au total, la nébuleuse BlackRock, étendue à ses administrateurs, ses hauts dirigeants et ses actionnaires, parvient à être à la fois membre du comité stratégique de France Trésor, intermédiaire de cette agence vers les investisseurs, et représentante desdits investisseurs. Une situation aussi illogique est une négation absolue des cloisonnements que prétendent instaurer nos gouvernements et le G 20, pour éviter le retour des dérives.

Cette volonté de gommer les frontières n'est pas neutre. Elle provient des pays anglo-saxons qui la pratiquent de longue date, avec les avantages que l'on imagine pour le secteur bancaire. Le même Peter R. Fischer a depuis ajouté sur sa carte de visite une fonction qui emprunte à nouveau ces passerelles, puisqu'il est entré au conseil d'administration de la FSA britannique, la *Financial Services Authority*, un organisme non gouvernemental mais institué par une loi, et chargé de réguler le secteur des services financiers au

Royaume-Uni. Loi idéale puisqu'elle maintient peu ou prou l'autocontrôle de la City et sa quasi-indépendance. La crise a montré les conséquences de ce mécanisme où seul le bon vouloir des financiers admettrait de poser des bornes à leurs pratiques professionnelles.

Un autre membre du comité stratégique de l'Agence France Trésor se réclame de cette volonté d'autorégulation des financiers, loin de tout législateur et de tout électeur. René Karsenty est président de l'ICMA, l'*International Capital Market Association* à Zurich. Le but de cette association, entre groupe de pression et syndicat professionnel, est de représenter les intérêts des milieux financiers internationaux. Parmi ses membres se retrouve une grande partie des Spécialistes en valeurs du Trésor de l'Agence : BNP Paribas, Barclays PLC, Société Générale, Merrill Lynch, UBS ou encore Crédit suisse.

Se retrouve également à l'ICMA, la Banque privée Edmond de Rothschild, de Genève, fondée par le baron Edmond de Rothschild, aujourd'hui dirigée par son fils le baron Benjamin de Rothschild, et que seuls les mauvais esprits pourraient confondre avec sa maison mère, la Compagnie financière Edmond de Rothschild, de Paris. M. Emmanuel Hau, membre de cette dernière, siège au comité stratégique de l'Agence. L'une des spécialités de la banque est la gestion de patrimoine, la gestion de portefeuille, pour entre autres « accompagner au mieux les familles fortunées ».

La tendance anglo-saxonne à jouer avec les lignes protectrices instituées entre le service public et les intérêts privés s'amplifie en France depuis quelques années. Parmi les membres de notre comité stratégique se trouve Bertrand de Mazières, directeur général de l'Agence. Son prédécesseur à ce poste venait de partir pour Veolia, société privée quelquefois émettrice d'emprunts, donc concurrente de l'Agence France Trésor pour ses appels à capitaux. Lors d'un de ces derniers appels au marché, les banques chargées de jouer un tel rôle d'intermédiation étaient BNP Paribas, Calyon, Crédit Suisse, Natixis et une filiale de la Société Générale. La totalité de ces noms émergent sur la liste des Spécialistes en valeurs du Trésor de l'Agence. Veolia compte, parmi ses gros actionnaires et dans son conseil d'administration, plusieurs établissements financiers eux aussi Spécialistes en valeurs du Trésor. Qu'un directeur général de l'Agence France Trésor devienne, quasiment du jour au lendemain, directeur des opérations financières d'une entreprise qui est un peu sa concurrente et qui croise ou utilise les mêmes acteurs financiers, se banalise et semble naturel aux yeux de nos gouvernants. L'intérêt du public et du contribuable se trouve peu à peu dilué dans un système à moindre transparence, poreux, au profit de petits groupes, à l'avantage de cercles restreints où risqueront de naître des connivences.

Toutes ces cartes de visite se passent de commentaire. Ainsi, au mépris de la séparation des intérêts privés et de l'intérêt public, la dette française, et surtout ses intérêts (qui atteignent 50 milliards aujourd'hui !), ne peuvent qu'enfler sempiternellement. À ce petit jeu, ne pouvant monétiser sa dette publique comme le font la plupart des autres pays dans le monde, la France s'est lourdement endettée depuis une trentaine d'années et ne pourra, au rythme actuel, se défaire de ce fardeau avant des dizaines et des dizaines d'années. Les oligarques ont, en réalité, tout intérêt à veiller à ce que l'euro, notre problème et leur poule aux œufs d'or, demeure à jamais notre monnaie afin que cette situation ne change pas.

Ces données ne sont pas fantasmagoriques. Elles sont publiques. La collusion, pour ne pas dire la consanguinité, entre décideurs politiques et puissances d'argent, apparaissant de plus en plus éclatante, comment douter que l'euro, emblème et clé de voûte d'une construction européenne qui verrouille un modèle à la fois ultralibéral et soviétique, ne leur soit essentiel pour assurer leur domination sur les peuples ?

Comment ne pas admettre que nos dirigeants sont prisonniers des vrais maîtres de l'euro, de ces oligopoles de l'industrie, de la banque et de la finance, avec lesquels ils entretiennent des relations très étroites. Fantasme d'un complot des puissants ? Non, dérèglement continu d'une chose publique, d'une République, où le désintérêt des citoyens ouvre la voie à la captation des pouvoirs par les intrigants, les opportunistes, les ambitieux et les goinfres.

Le système de l'euro et du marché unique européen favorise exagérément la libre circulation des capitaux, la mainmise de la création monétaire des banquiers et la remise en cause dogmatique de tout ce qui constitue une ressource publique, dénigrée comme une charge coûteuse et superflue. L'euro est pour ainsi dire le cheval de Troie de la mondialisation ultralibérale en Europe, aux antipodes d'un libéralisme ordonné et responsable. Et il est illusoire de s'imaginer que ses bénéficiaires feraient une croix dessus simplement parce qu'on les en prierait gentiment !

Et d'ailleurs, personne ne les en prie ! Qu'on en juge : les seules fois où nos grands chefs d'État européens se réunissent pour la photo de famille et s'enferment à huis clos pour prendre de graves décisions, ce n'est pas pour faire face, ensemble, aux délocalisations. Ce n'est pas pour, ensemble, lutter contre le fléau du chômage. Non, c'est seulement pour sauver les banques ! Comme cette belle journée d'octobre 2008, où Nicolas Sarkozy invita la chancelière allemande pour l'inauguration du mémorial Charles de Gaulle à Colombey-les-Deux-Églises, avant de convier, dès le lendemain, les quinze membres de la zone euro à l'Élysée. Pour évoquer le sommet de la veille ? Pour promouvoir devant tous le symbole qu'ils venaient de célébrer : l'amitié franco-allemande, la coopération libre entre nations, la France forte dans l'Europe indépendante ? Non, rien de cela. Hier, c'était hier. Une grande et belle réunion, immortalisée sur le perron de l'Élysée, seulement pour évoquer le pacte de stabilité, l'inflation maîtrisée, les banques rassurées.

Car les marchés, sans doute, méritent plus d'égards que les peuples d'Europe.

Aujourd'hui, il ne faut pas se mentir. C'est eux ou nous. Eux qui restent ou nous qui en sortons.

Chapitre 6

L'Europe politique… vers la dictature !

Ils répètent tous en chœur le même refrain : c'est vrai, ça ne marche pas. Mais si ça ne marche pas, c'est parce que nous ne disposons pas de politique économique commune. Il faut plus d'intégration, plus de coordination, plus de fédéralisme. Si nous acceptons de donner ce qui nous reste de souveraineté, d'identité, de particularité, alors oui, nous pourrons vivre le rêve indépassable de l'Europe fédérale, économiquement intégrée, socialement unifiée, politiquement pilotée !

Car c'est cela qui est fascinant ! Aucun des maîtres de l'Europe fédérale, aucun de ses soutiens les plus patentés, ne nie une ligne, un chiffre, de tout ce que nous avons démontré et dénoncé. Ils sont d'accord : l'Europe fait fausse route, l'Europe est dans l'impasse. Mais c'est leur conclusion qui change. Pour eux, il n'y a qu'une chose à faire : il faut accélérer, il faut continuer et le mur qui est en face de nous disparaîtra !

C'est Mario Monti, ex-commissaire européen et auteur d'un rapport récent sur « une nouvelle stratégie pour le marché unique » qui déclare, en mai 2010 : « Il faut bâtir un marché unique plus fort, avec plus de concurrence » et ajoute : « L'objectif est de renforcer l'intégration économique, alors que les tendances spontanées vont dans le sens de la désintégration. Il faut combattre ces dernières. »

C'est Christian de Boissieu, président du Conseil d'analyse économique qui prévient : « Il va falloir mettre un peu d'ordre dans cette gouvernance européenne : il faut désormais travailler à l'élaboration d'une gouvernance économique et politique de la zone euro. Le scénario de sortie par le haut, c'est plus et mieux d'Europe ! »

Alain Peyrefitte a définitivement résumé cette tactique, qui ne date pas d'hier, en la décrivant au général de Gaulle au début des années 1960, lors d'une conversation : « C'est le système Monnet. Il consiste précisément à créer des situations dont on ne peut sortir qu'en accroissant la dose de supranationalité. Chaque difficulté nouvelle nous entraîne dans un engrenage qui pousse un peu plus à l'État fédéral et dessaisit un peu plus les gouvernements nationaux. »

« Plus d'Europe », « mieux d'Europe », à la bonne heure ! Mais sur quelle politique commune ? Celle de l'Allemagne, celle de la France, celle de l'Espagne ? Autant d'options qui s'opposent, autant d'intérêts qui divergent. Et deuxièmement : avec quel pilotage ? Qui décide ? La Commission européenne, non élue, juridiquement irresponsable ? Et la démocratie, et les peuples, et même la vieille utopie de citoyenneté européenne ? Est-ce comme cela qu'ils pensent les promouvoir ?

Certains tenants du non à Maastricht disaient cela : on va « mettre la charrue avant les bœufs ». Ils ne croyaient pas si bien dire ! Mais il y a dans ce choix plus qu'une grossière erreur de raisonnement : c'est un calcul délibéré, destiné à faire naître un gouvernement fédéral européen.

L'euro, couplé à l'absence souhaitée d'une politique économique unifiée dans des pays membres aux caractéristiques très différentes, c'est la traduction concrète du fameux adage inventé par Jean Monnet, selon lequel « l'Europe avance à travers les crises qu'elle surmonte ». Bien sûr, notre bon Père de l'Europe avait-il soigneusement omis de préciser que ces fameuses crises ne tombent pas du ciel mais sont préparées méticuleusement, à travers les traités successifs, à la manière de bombes à retardement. Cette espèce de fédéralisme du pompier pyromane, semblable aux pirates informatiques qui infectent votre ordinateur avant de vous vendre l'antivirus correspondant, est bel et bien celle qui se cache derrière l'euro.

En effet, dès 1992, les partisans de Maastricht avaient laissé entendre que l'euro avait, *in fine*, davantage une vocation politique qu'économique, qu'il devait être un sas vers un grand bond en avant dans l'intégration politique fédérale. De sorte que, de l'aveu même de ses partisans, la monnaie unique ne semble jamais avoir eu sérieusement comme objectif d'apporter plus de croissance, d'emploi et de démocratie aux Européens. Là n'était pas son objectif. Au moins les choses étaient-elles claires.

Et si, d'aventure, l'opinion publique commençait à trouver le temps long, on se contentait de lui en demander davantage et de déplorer l'inachèvement du grand œuvre. Comme le résume si bien Jean-Pierre

Chevènement dans son dernier livre[1] : « C'est le triomphe de l'idéologie. Tout échec porte en lui-même sa solution : il faut "plus d'Europe" pour y remédier, comme jadis, en Union soviétique, il fallait "plus de socialisme" pour corriger ce qu'on décrivait comme un simple "retard" ou une "déformation passagère" dudit "socialisme". »

Mieux peser ensemble face aux autres puissances mondiales ? Hélas, l'Union européenne n'a jamais poursuivi cet objectif ! Comme l'a admis l'ancien député européen Jean-Louis Bourlanges, fédéraliste revendiqué, à propos de l'adhésion programmée de la Turquie à l'UE : « L'Europe est un héritage, mais l'Union européenne est un projet politique. Ce qu'on doit reprocher à nos dirigeants actuels, c'est de nier l'un et l'autre. En reconnaissant la "vocation" turque à l'adhésion, ils font fi de l'héritage, et en réduisant le projet politique au respect de "l'acquis communautaire", ils font fi de l'avenir. Leur Europe est celle du vide et des apparences. » (*Le Monde*, 24 mars 2004) Mais il faut pousser le raisonnement au bout, et ne pas feindre d'ignorer que cette « vision » de l'Europe consiste à faire du continent un sous-ensemble géographique de la mondialisation libérale et du libre-échange total.

1. *La France est-elle finie ?*, Fayard, 2011.

Qu'elle tend à fusionner peu à peu les institutions de l'UE et des États-Unis, en vue de constituer sous leur égide, une sorte de grand bloc occidentaliste, à la manière de l'ancien bloc soviétique où la Russie jouait le rôle de « Grand Frère ».

Il va sans dire que les pays européens seraient les obligés de leur protecteur et que, notamment à travers l'OTAN, ils se comporteraient en supplétifs de l'Oncle Sam dans ses guerres contre les autres « civilisations ». On comprend mieux pourquoi l'embryon de défense autonome européenne, l'UEO, fut laissé en friche à la charnière du nouveau siècle, tandis que les références à l'OTAN dans les traités (jusqu'à celui de Lisbonne) étaient maintenues et même développées…

C'est bien le sens caché des déclarations répétées de Javier Solana (le « Monsieur Politique étrangère et Sécurité commune » de l'UE) qui affirmait ainsi en 2003, dans le contexte de l'invasion de l'Irak par les Américains: « En œuvrant de concert, l'UE et les EU peuvent constituer une formidable force au service du bien dans le monde. » C'est tout le sens aussi du discret « Agenda transatlantique », avatar du traité de l'Atlantique Nord ayant créé l'OTAN en 1949, qui prévoit la constitution, à l'horizon 2015, d'une zone unifiée de libre-échange des deux côtés de l'Atlantique et la multiplication des « ponts » de toutes natures (y compris politique et institutionnelle).

Dans la classe politique française, la frange atlantiste de l'UMP est, bien entendu, en pointe sur ce projet, en particulier Édouard Balladur qui a publié un livre au titre sans équivoque (*Pour une Union occidentale entre l'Europe et les États-Unis*, Fayard, 2007). Mais de nombreux caciques du PS ne sont pas en reste : notamment un certain Dominique Strauss-Kahn, patron du FMI, fervent partisan de l'abolition des gouvernements nationaux au profit d'organismes supranationaux, plaidant dès le G 20 de novembre 2008 pour une « nouvelle gouvernance mondiale », organisée en empire occidental autour de sa nouvelle Rome, Washington.

Et pour ceux qui ne me croiraient pas et qui pensent que je verse dans la paranoïa, je livre à leurs jugements ces quelques impressions désagréables, mais qui me font penser, hélas, que je ne divague pas !

Comme cette publication par le site Wikileaks de télégrammes diplomatiques de l'ambassadeur des

États-Unis à Paris, racontant, comme s'il en était lui-même abasourdi, le défilé des pénitents français : Dominique Strauss Kahn, Pierre Moscovici, Michel Rocard, Hervé de Charrette ou encore Nicolas Sarkozy alors peu soucieux de la solidarité gouvernementale, venant tous, en rangs d'oignons, demander audience à l'Ambassade américaine, et exprimer par exemple, avec force, leur opposition totale à l'attitude française contre la guerre en Irak ! Et tandis que Dominique de Villepin faisait résonner la voix de la France et de l'indépendance à New York, du haut de la tribune de l'ONU, quelques atlantistes serviles venaient, à Paris, prêter allégeance au grand frère américain !

Ainsi, Nicolas Sarkozy aurait à l'époque exprimé son « admiration pour Bush ». L'ambassadeur américain en a même conclu : « Sarkozy est viscéralement pro-américain. » Il ajoute qu'« il voit sa propre ascension comme étant le reflet d'une saga à l'américaine ». François Fillon aurait, quant à lui, « souhaité le passage de la France à un régime présidentiel » et ajouté que « la réforme économique sarkozienne poussera à plus de flexibilité du travail et cassera le pouvoir des syndicats ». Sans parler d'Hervé de Charrette – alors responsable des affaires étrangères à l'UMP – ou de Patrick Devedjian, qui semblent tous deux avoir cherché à être plus américains que les Américains, regrettant que l'alliance transatlantique ne soit pas à la base de la politique étrangère de la France. C'est tout l'héritage gaulliste qu'on souhaitait donc liquider du côté de l'UMP...

Comme aussi cette émission, « Mots Croisés », où je me trouvais sur le plateau entre Pierre Moscovici et Pierre Lellouche. Avant la prise d'antenne, je me souviens de cette conversation où ces deux comparses qui allaient faire mine de s'opposer en direct, évoquaient, en anglais, les réunions internationales où ils avaient l'habitude de se retrouver. L'esprit d'allégeance va donc jusqu'à abandonner sa propre langue !

Comme ce très officiel « Conseil européen des relations étrangères », une instance dont le même Pierre Moscovici est l'un des dignitaires, où il retrouve, pêle-mêle, Daniel Cohn-Bendit, Dominique Strauss-Kahn, Lionel Jospin, Pascal Lamy, Alain Minc, pour ne parler que de quelques représentants français de cette instance internationaliste, c'est-à-dire atlantiste, et qui publie d'étranges conclusions sur « un new deal pour l'eurozone », « pourquoi l'Europe est la nouvelle Allemagne » ou « à travers l'Europe post-américaine » !

Il était une époque, pas si lointaine, où, pour conspuer ceux qui croient aux autres et pas en eux-mêmes, ceux qui jouent les intérêts des voisins au mépris des leurs, un certain Jacques Chirac n'hésitait pas à parler de « parti de l'étranger ».

Les États-Unis d'Europe, ce sont les États-Unis en Europe, une Europe ouverte à tous les vents, cheval de Troie de la mondialisation et de l'hégémonie américaine. Voilà qui est bien éloigné des promesses mirifiques de 1992…

Mais, se rassure-t-on, il arrivera toujours le moment du choix, celui où les gouvernants européens seront bien forcés de solliciter l'assentiment des gouvernés. Autrement, ce serait de la dictature ! Eh bien, oui, les fédéralistes ne reculeront pas devant la dictature pour imposer leur vision grandiose. Comment puis-je en être si sûr ? Tout simplement parce qu'ils l'ont déjà fait par le passé, en imposant par la voie parlementaire le traité de Lisbonne.

Après cette répétition générale, pourquoi les fédéralistes au pouvoir se gêneraient-ils ? En tout cas, au stade où en est le Conseil européen, qui finalise un projet de gouvernance disciplinaire renforcée de l'eurozone, il n'est nulle part question de demander leur avis aux citoyens.

Pourtant, au vu de ce qui se trame, on aurait apprécié ! Il se prépare au moment où j'écris ces lignes un projet de contrôle budgétaire plus étroit de la part de la Commission, qui consiste tout simplement à transmettre « pour avis », aux autorités communautaires, les projets de budgets des pays membres avant leur examen par les parlements nationaux ! L'idée est que les États membres remettent leur copie budgétaire avant même que les Parlements se soient prononcés ! Cela revient purement et simplement à supprimer la souveraineté budgétaire et fiscale des assemblées parlementaires, donc à mutiler le régime politique du même nom, de son pouvoir le plus essentiel. Qui pourrait douter un instant, en effet, qu'aucun parlement n'ose défier « l'expertise » de la Commission, surtout si, comme le veut l'Allemagne, la panoplie des sanctions en cas de dérapage des finances publiques est élargie et alourdie ! C'est sans doute ce que M. Copé appelle l'hyper-parlement. Une assemblée d'élus fantoches qui passent le plus clair de leur temps à transcrire en droit français les directives et règlements européens, et qui se voient aujourd'hui privés de la dernière parcelle de souveraineté qu'il leur restait à exercer : le vote du budget de la nation ! C'est la fin du pouvoir budgétaire auquel nous allons consentir, pour le confier à une autorité non élue et nous engager du même coup plus avant dans un système non démocratique.

On est allé pendant un temps jusqu'à envisager la suppression des droits de vote des États fautifs, comme si on les plaçait sous la tutelle ordinairement réservée aux personnes ne bénéficiant plus de l'exercice de leurs facultés normales ! Cette piste semble pour le moment écartée mais rien ne dit qu'elle ne reviendra pas sur le tapis, l'Allemagne souhaitant obtenir les garanties les plus draconiennes possibles en échange de sa solidarité. Et cette solidarité, quelle est-elle ? La pérennisation du Fonds européen de stabilité financière, créé dans l'urgence en 2010, complété d'un chantier de « convergence globale des économies européennes » où les plus lucides reconnaîtront un alignement pur et simple sur le « modèle » allemand…

Mais le pire semble encore à venir avec cette Europe qui, pour reprendre un bon mot d'Emmanuel Todd, « utilise sa propre puissance économique pour se torturer[2] ». C'est exactement ce que propose le nouveau plan franco-allemand

2. *Après la démocratie*, Gallimard, 2008.

joliment baptisé « pacte de compétitivité ». Un pacte qui rompt avec le principe fondateur d'égalité entre les États et qui vient directement leur dicter leur conduite, au mépris des traités eux-mêmes. Avec une mesure phare : la retraite à 67 ans partout en Europe, niant la vitalité démographique de la France et voulant imposer le modèle allemand d'un suicide démographique compensé par un afflux d'immigration !

Mais l'Allemagne, avec le soutien de Nicolas Sarkozy, souhaite mettre fin à l'indexation des salaires sur l'inflation. Cela veut dire en clair une baisse du pouvoir d'achat des salariés ! Cette Europe n'a pas compris que la quête sans fin de la compétitivité est totalement illusoire sachant que le salaire minimum au Bangladesh est de trente euros. De combien faudra-t-il baisser les salaires pour que le vieux continent soit à nouveau compétitif à l'échelle mondiale ? Ce plan va enfermer notre continent dans une stagnation économique prolongée et empêcher toute croissance.

Enfin, le fait de constitutionnaliser des règles budgétaires poursuit la même logique antidémocratique de cette Europe qui veut absolument limiter le choix réel des citoyens et entraver la marge de manœuvre des gouvernements nationaux. Après la suppression des politiques monétaires nationales avec l'euro, l'encadrement des politiques budgétaires (soumises à la Commission, puis encadrées constitutionnellement), le pacte de compétitivité va achever de ligoter les capacités d'action des États. Un pacte en quelque sorte qui achève définitivement l'État nation et la démocratie en Europe.

La relance générale européenne ? Oubliée. Le protectionnisme continental contre la concurrence déloyale des pays émergents ? Abandonné. Le partage plus équilibré de la croissance ? Disparu !

Le seul point positif de ces derniers mois est de montrer le vrai visage de cette Europe, soucieuse d'augmenter son pouvoir et son contrôle des États, et qui mène une véritable politique antisociale au service de la finance et des multinationales. Les masques sont tombés : aux peuples de réagir !

Ainsi, au lieu de revoir la gestion de l'euro pour la mettre au service des peuples, les dirigeants européens surenchérissent dans un super-Maastricht. Et imposent une austérité généralisée à tout le continent, au risque assumé de désintégrer une eurozone déjà en crise avancée.

L'euro, c'est bel et bien la bourse plutôt que la vie ! Les intérêts des marchés plutôt que ceux des peuples. Et tant pis si la démocratie doit sombrer avec l'État nation ! Au reste, cette démocratie n'est-elle pas par essence passionnelle, inconstante, voire dangereuse ? Si cette opinion n'était pas en vogue parmi les élites, comment expliquer que toute déviance de la pensée dominante, toute critique franche du système, s'attire invariablement l'accusation de « populisme » ?

Ils veulent construire l'Europe politique. Et font ainsi l'aveu que l'Europe politique qu'ils veulent, ce n'est pas celle du retour du politique, mais au contraire celle de la politique à la solde de la finance.

Car l'Europe politique qu'ils revendiquent, n'est qu'une ennemie de la démocratie. Elle l'imite, elle la singe, mais elle la piétine. Tout comme la soi-disant « Europe sociale » si chère au PS prospère sur les peuples qu'elle affame, en leur imposant la loi d'airain des politiques d'austérité qui ne bénéficient qu'à l'euro, mais jamais aux Européens.

Une réalité qui a valu, un jour, à l'économiste Jean-Paul Fitoussi cet aveu, lors d'un colloque organisé sur cette question. Il affirmait en substance que l'eurozone, contre toute apparence, ne manquait pas de gouvernance économique, tout simplement parce que le traité de Maastricht, par ses interdits et les priorités fixées... en dessinait une très stricte, entre les lignes.

Antidémocratique dès le départ, l'Europe de Maastricht est en passe de concrétiser son unique but et de remplir sa seule véritable promesse : parvenir à l'Europe politique intégrée. Mais à quel prix, puisque c'est d'une Europe politique autoritaire qu'il s'agit ? D'un pouvoir imperméable aux aléas de la démocratie, de fonctionnaires irresponsables, de traités intouchables. Nos dirigeants peuvent bien avoir de fausses pudeurs à l'égard de la Chine, sous prétexte que leur capitalisme cacherait bien mal un système antidémocratique... : c'est en vérité exactement sous le même régime qu'ils rêveraient de nous voir vivre en Europe ! On sait comment cela finit tôt ou tard. La Tunisie en offre aujourd'hui sous nos yeux un exemple saisissant.

Cette confiscation du pouvoir, cela porte un nom : c'est l'après démocratie, théorisée par Emmanuel Todd dans l'ouvrage du même nom. C'est le totalitarisme soft. C'est la démocratie sous tutelle. Avec, selon lui, et il a bien raison, le danger du repli ethnique et la montée des exaspérations, la fin du suffrage universel, le dégoût du politique, le détournement des urnes.

Mais faudra-t-il, pour sortir de cette impasse mortelle, lui sacrifier encore d'interminables années alors que l'heure du bilan est largement passée et qu'il y a partout urgence ? Faudra-t-il attendre que l'exaspération populaire se transforme en un soulèvement de grande ampleur, avec tous les dangers que cela comporte ? N'est-il pas grand temps d'agir ?

C'est à la France, qui a une responsabilité particulière dans le désastre et qui y a laissé beaucoup plus de plumes que d'autres, de prendre maintenant les devants.

Troisième partie
Sortir l'euro pour sauver la France et l'Europe

Chapitre VII

Le choix de la liberté

Il est temps de sortir l'euro. Oui, « sortir l'euro », et non sortir « de » l'euro, nuance. Ce n'est pas la France qui doit sortir de l'euro, car nous ne sommes pas une province de l'euro, de même que nous ne sommes pas une plateforme logistique de l'Asie ni une nouvelle étoile au drapeau américain. C'est l'euro qui doit sortir de la France. Et de l'Europe. Comme un outil mal conçu et qui a mal servi. Comme un joueur qui a mal joué et qui ne sait pas marquer des buts.

Nous en avons assez de perdre, les Français n'en peuvent plus d'aller de défaite en défaite. Il faut renouer avec la victoire, avec le combat. Avec l'esprit de conquête. Cesser d'attendre des autres des recettes qui ne marchent pas. Comme nous, les plus fervents défenseurs de l'euro voient bien les désastres qu'il charrie. Mais ils capitulent. Une capitulation est essentiellement une opération par laquelle on se met à expliquer au lieu d'agir. Ils nous disent que c'est impossible, que c'est inéluctable, qu'il n'y a rien à faire, que c'est le sens de notre histoire... : l'euro serait « une autoroute sans sortie », selon le terrible aveu de l'ancien commissaire européen Thibaud de Silguy ! C'est vrai, si nous nous considérons comme vaincus. Accepter que la défaite soit possible, c'est être un vaincu. Mais c'est faux, si l'on accepte ce simple mouvement intérieur qui anime les hommes comme les peuples, et qui s'appelle la liberté.

Ils ont peur. Ils n'ont pas de projet. Ils n'ont plus d'idées. « Impossible », le mot est lancé et il répand partout le doute : l'euro serait irréversible. Il faudrait se faire une raison. Vivre avec, ou plutôt mourir avec, comme une maladie dont on ne guérit pas. Et bien non ! S'ils ne voient pas d'autres issues, c'est parce qu'ils ont cessé depuis longtemps de les explorer, c'est parce qu'ils ont décidé de ne plus s'en souvenir, c'est parce qu'ils sont devenus incapables de les inventer.

Laissons-les à leur aveuglement passif et à leur triste manque d'ambition. Dessinons, quant à nous, l'Europe de demain : une Europe sans l'euro, mais avec les Européens.

L'Europe sans l'euro permettra tout d'abord à nos pays de retrouver, c'est essentiel, la plénitude de leur marge de manœuvre dans la conduite de la politique économique et sociale, le large éventail des voies et moyens, souples et réactifs, nécessaire à toute stratégie de développement. En effet, les membres de l'euro sont aujourd'hui enserrés dans une seringue qui se rétrécit sans cesse. Ce retour de la liberté économique signera en même temps celui de la liberté du jeu démocratique, dont les différentes forces pourront à nouveau proposer des projets véritablement alternatifs les uns par rapport aux autres. Fini l'absence de résultats pour cause de « c'est la faute à Bruxelles » ! Les Français, les premiers, auront désormais le pouvoir d'élire des dirigeants qui se devront d'être imaginatifs, audacieux et... responsables.

Encore une fois, avec la liberté retrouvée, « on ne rira pas beaucoup plus » tous les jours, pour paraphraser le propos grotesque de Bernard Kouchner. Mais lorsqu'on pleurera, si on pleure, on saura pourquoi, et surtout on pourra se consoler en se disant que rien n'est irrémédiable et que l'avenir n'est pas écrit d'avance.

En reprenant le pilotage de notre politique économique, nous pourrons, avant qu'il ne soit trop tard, la détourner de la fausse route où elle s'est engagée et l'orienter vers le seul but qui vaille : la relance de l'emploi. L'Europe mais avec les Européens, c'est l'Europe qui favorise l'emploi plutôt que le chômage. Allégée de l'euro, la France va pouvoir retrouver sa compétitivité : sans l'euro, ce sera 1 million d'emplois créés en France, grâce notamment à un mark réévalué par rapport au nouveau franc, rétablissant naturellement l'équilibre des échanges avec notre premier partenaire économique.

Demain, nos entreprises exporteront davantage et nous assisterons à des relocalisations. Ainsi, retrouver sa monnaie, c'est retendre le ressort de la compétitivité facilitant la production nationale et le retour d'un cercle vertueux : hausse de la croissance, recul du chômage, augmentation des recettes fiscales, diminution des dépenses de traitement social du chômage, désendettement.

Première victoire, donc. La monnaie ne sera plus ce poids dangereux qui nous épuise. Elle sera une épée, une arme de combat, dont on se sert avec agilité, comme partout ailleurs, pour dévaluer quand les intérêts le demandent, ou réévaluer si c'est nécessaire.

Seconde victoire : l'indépendance des banques centrales nationales et des politiques monétaires vis-à-vis de la Banque centrale européenne.

Prenons l'exemple de la France. Le retour du franc sera aussi le retour d'une Banque de France pleinement souveraine, dont la composition et les objectifs pourront de nouveau être subordonnés au pouvoir politique. La politique de taux d'intérêts et de change sera ainsi établie en fonction de décisions politiques dont il sera rendu compte devant les citoyens, en prenant en compte autant les critères de la croissance et de l'emploi que ceux de l'inflation et de la dette publique.

Avec l'indépendance monétaire, compétence régalienne et qui aurait toujours dû le rester, nous retrouverons la liberté de la création monétaire. Cette création monétaire publique doit permettre de stabiliser et d'inverser la pente de la dette comme d'investir dans les grands projets, scientifiques, industriels et de recherche, qui doivent aider la France à reconquérir sa puissance économique.

C'est nous qui pensons à l'avenir ! Les maîtres de l'euro, soi-disant ouverts au monde, semblent pourtant ignorer que la compétition est désormais mondiale. Ils prônent la concurrence libre et non faussée et ne voient pas que chaque pays, chaque zone, se protège et privilégie d'abord ses propres intérêts, comme il est d'ailleurs sain et normal de le faire. Nos grands argentiers de Bruxelles et de Francfort se pensent au diapason du monde. Ils sont en vérité complètement arriérés, dépassés par leur propre système, et ne voient pas qu'ils ont formé la seule union commerciale au monde qui ait perdu le sens de ses frontières et de ses intérêts ! Croient-ils que la Chine investit des centaines de milliards de yuans dans des programmes de recherche sans s'appuyer sur la création monétaire ? Croient-ils que les entreprises d'État chinoises investissent tant en Afrique et en Europe par hasard ?

Pendant combien de temps encore nous suffira-t-il de vivre sur les acquis du passé ? Nous vivons encore aujourd'hui en France sur les grands programmes industriels lancés dans les années 1960 : Ariane, Airbus, le TGV, le nucléaire... Soyons légitimement fiers de notre passé, comme disait le Maréchal de Lattre, mais souvenons-nous que nous ne pourrons le rester que si nous faisons le présent aussi noble que lui ! Où est passé notre avantage technologique ? Où sont passées notre ambition industrielle, et nos coopérations avec nos voisins ? Regardons les devantures des magasins qui vendent de la haute technologie, parcourons la chambre de nos enfants : plus rien de ce qui fait l'innovation aujourd'hui n'est produit ni même conçu en France, ni même en Europe ! Il est temps de renouer avec une plus grande ambition, une plus grande ouverture, un plus grand esprit d'innovation.

En finançant de nouveau l'État par la Banque de France, nous serons en mesure d'investir pour l'avenir, de rappeler vers nous nos chercheurs exilés, nous pourrons de nouveau regarder au loin, creuser dans les gisements de demain, de la médecine personnalisée à l'énergie verte, de la transmission des savoirs et des données à la haute technologie d'équipements de pointe, tel un TGV du XXIe siècle… Une recherche enracinée dans l'industrie et une industrie en perpétuelle invention.

Troisième victoire, enfin : c'est tout le système bancaire qui se verra réformé.

En retrouvant notre pouvoir de création monétaire, nous ne dépendrons plus totalement des banques et des marchés pour honorer notre dette. Elles perdront leur toute-puissance spéculative – qui repose actuellement sur une inflation monétaire dont elles détiennent le pouvoir et le bénéfice exclusif. Ce sera l'occasion historique, pour la puissance publique, de les remettre au pas par deux mesures clés. La séparation des banques d'investissement et des banques de détail ; d'un côté ces dernières qui récoltent l'épargne des Français et pourront enfin la réinjecter dans l'économie nationale sous forme de prêts aux entreprises, de l'autre les banques d'affaires qui prennent leur part de risque. C'est tout le système bancaire qui retrouvera sa vocation première : celle d'irriguer l'économie réelle, et non de la ponctionner.

Deuxième mesure choc : nous irons plus loin en nationalisant une banque pour casser l'entente objective des établissements privés français, véritable État dans l'État. Nous créerons du même coup une saine émulation entre un établissement bancaire national et public, et les organismes privés.

Les banques ne dicteront plus leur loi à la collectivité, à laquelle elles seront de nouveau subordonnées.

Bien sûr, la sortie de l'euro ne résoudra pas d'un coup de baguette magique tous les maux de la

France. Le retour au franc sera la clé qui permettra de déverrouiller la porte. Il faudra ensuite se donner les moyens de franchir le seuil. Saisir l'occasion de cette dynamique économique nouvelle. Il ne faut pas d'une sortie de l'euro « feu de paille ». Nous l'accompagnerons donc d'une politique économique et sociale cohérente et rigoureuse : bonne gestion budgétaire, baisse des charges des PME, simplification de la fiscalité pour encourager l'esprit d'entreprise, politique industrielle, réforme en profondeur de l'Éducation nationale pour mieux former notre jeunesse…

Tant de victoires utiles à portée de mains, et dont se privent sciemment ceux qui cessent de combattre !

En faisant le choix, le premier, d'une sortie de l'euro, le peuple français pourrait montrer l'exemple et tracer une voie que d'autres peuples seraient ravis d'emprunter, ce dont ils pourraient même lui être reconnaissants. Ne renouerait-il pas, ce faisant, avec une vocation d'avant-garde historique qui a toujours fait ses heures glorieuses et dont, après vingt ans d'euro et d'autodénigrement national, on peine parfois à se souvenir ?

Et qu'on ne croit pas que les Français ne soient pas mûrs. Contrairement aux soi-disant élites, les Français ne veulent plus de l'euro.

Demandez à la chaîne France 5 ! Une équipe de télévision avait suivi, lors de son passage sur un marché populaire de Paris, notre caravane pour la sortie de l'euro. Notre but : engager la discussion avec les Français, les interroger sur l'impact de l'euro dans leur vie… L'équipe de reporters, filmant les échanges, aurait bien voulu recueillir au moins un témoignage en faveur de l'euro ! Las ! Pas un commerçant, pas un retraité, pas un jeune – personne – tout au long de la matinée, n'est venu célébrer l'euro, ni même lui reconnaître des vertus… C'est cela la réalité, loin du discours officiel. Les seules choses qui demeurent sont la peur et le sentiment de culpabilité. La peur et la culpabilité, savamment entretenus par les dirigeants qui cultivent le mythe et installent l'idée fausse, déclaration après déclaration, que la sortie de l'euro, c'est mal, et que la sortie de l'euro, c'est impossible. Mais s'ils ne savent pas, eux, comment faire, nous allons leur expliquer et nous allons leur montrer !

Remettre du vent dans les voiles de l'intérêt général, réduire les inégalités au lieu de les creuser, mettre à disposition de chacun la part de ressources publiques essentielle pour assurer sa subsistance et sa dignité, mobiliser les énergies dans l'ambition collective d'une puissance économique retrouvée, faire reculer la violence qui meurtrit et appauvrit toute société injuste et inefficace, constitue un défi historique que chaque citoyen doit se sentir en devoir de relever pour sa propre part.

Car le rôle d'un homme politique c'est de répondre aux besoins du pays, de privilégier l'intérêt national, de relancer le moteur économique, d'aider nos PME, nos agriculteurs, d'offrir aux jeunes un avenir, de pouvoir payer les retraites. Sans l'euro, nous pourrions tout à la fois gérer notre taux de change, relancer l'investissement dans l'économie productive, relocaliser les activités, résorber le chômage, réduire les déficits sociaux et la dette. Cela ne serait pas de trop pour notre pays, qui se paye le luxe incroyable de cumuler un déficit chronique du commerce extérieur et une réserve immobilisée de bras qu'il doit payer à ne rien faire.

Dans un pays dont le tempérament national a pour traits les plus caractéristiques la liberté et la gastronomie, la reconquête de la souveraineté perdue se lit comme une recette. La recette, c'est celle-là. Les ingrédients, nous les avons. Mettons le tablier, retroussons nos manches.

Chapitre VIII

La fin du monde ?

« L'euro, c'est fini. Le franc devient notre monnaie. La politique, c'est cela : rendre possible ce qui est souhaitable. La sortie de l'euro était politiquement souhaitable. C'est du moins ce que viennent de décider les Français ; la sortie de l'euro est techniquement possible. Et voici comment. »

Dans la salle de presse où le nouveau ministre d'État de la croissance, de l'emploi et du nouveau franc a réuni l'ensemble des médias nationaux et internationaux, le ton est donné dès les premiers mots.

Ils sont plus de quatre cents correspondants venus de toute l'Europe, des États-Unis, de la Chine, et ils attendent avec une impatience mêlée de défi, cette première conférence de presse donnée depuis Bercy. Certains ont l'œil inquisiteur, d'autres ont la mine défaite, et l'heure est au scepticisme. Nous sommes au lendemain du referendum qui a mis fin à l'euro. Tous les titres et médias nationaux et internationaux sont là, et dans une salle où les flashes crépitent, chaque mot du ministre est attentivement noté.

« Les marchés sont aujourd'hui fermés, et pour une à deux semaines, de manière à permettre la réintroduction du franc dans les systèmes informatiques où il avait été supprimé. Il faut également instaurer un contrôle des changes et restreindre les mouvements de capitaux pour limiter la spéculation.

La Banque de France et TRACFIN ont été mobilisés. Puisqu'il faudra jusqu'à six mois pour imprimer les nouveaux billets et battre les nouvelles pièces, nous aurons une période de transition. Cela a déjà été fait chez nous en 1958, lors du passage au nouveau franc, et en Tchécoslovaquie en 1993, les billets en euros seront marqués en nouveaux francs et, au bout de quelques jours, seuls les billets marqués en nouveaux francs pourront être utilisés. La vitesse de circulation des billets et les stocks existant à la Banque de France et dans les banques garantissent un marquage rapide. Pour les pièces, nous pourrons utiliser celles avec une face française.

Car il faut s'ôter une idée de la tête : le franc n'avait pas disparu. Ni aucune des monnaies nationales des membres de l'euro d'ailleurs. Il n'y a pas un euro, tutélaire, qui nous regarde d'en haut, mais des euros, autant qu'il y a de pays membres : l'euromark, l'euro-peseta, l'euro-lire, l'euro-franc... L'euro se compose de différentes subdivisions de monnaies, dont on retrouve la signature avec le hibou grec, l'arbre de la liberté français, la lyre irlandaise, le roi espagnol... Il n'était donc pas nécessaire d'être un grand magicien pour faire réapparaître le franc, ni même un grand devin pour comprendre que c'était pour bientôt : le franc existait, et n'attendait qu'une seule chose : qu'on s'en serve ! »

Par sa dernière remarque, le ministre a quelque peu détendu une atmosphère pesante.

« Place aux questions ! » lance-t-il pour conclure. Face à lui, les journalistes s'animent et les questions s'enchaînent.

C'est le rédacteur en chef d'un magazine libéral en vue, dont on ne sait dire s'il est de droite ou de gauche, qui démarre :

La sortie de l'euro n'est prévue nulle part dans les traités, et vous organisez un référendum et aujourd'hui une conférence de presse annonçant benoîtement que l'euro c'est fini ! Savez-vous que c'est illégal ?

La salle s'esbaudit : il va y avoir de la boxe ! Très sobre, le ministre répond :

« Tout d'abord, le retour aux monnaies nationales n'est pas quelque chose de nouveau et nous avons plusieurs précédents en Europe avec l'ancienne Tchécoslovaquie, la Yougoslavie, l'URSS. Dans ces trois anciens pays, la création de nouveaux pays s'est accompagnée d'une dissolution des unions monétaires précédentes. Nous pouvons donc nous documenter sur des cas concrets qui, rassurons-nous, n'ont pas été si compliqués !

S'il est vrai que les traités européens ne prévoient pas la sortie de l'euro, n'oubliez pas la convention de Vienne, que la France peut bien invoquer. Et je vous ferai cependant cet aveu : légal ou illégal, la France doit se souvenir que rien, aucun traité, ne saurait être mis au-dessus de la souveraineté nationale – exprimée par excellence par le référendum – ni au-dessus de l'intérêt supérieur de la nation. Le droit des peuples à disposer d'eux-mêmes, pourrait-il être invoqué par toutes les nations du monde à l'exception de la nôtre ? Aujourd'hui, c'est le franc qui est légitime en France ! »

Assis au premier rang, Anatole Duvauchel, un chroniqueur de radio bien connu, qui depuis quarante ans sautille sur sa chaise devant son micro, se trompant avant chaque échéance électorale, ne cache pas son accablement et prend la parole à son tour :

L'euro nous a protégés de la crise. Avez-vous mesuré le risque immense que vous faites prendre à notre économie en l'isolant du reste de l'Europe ?

« Faisons d'abord un sort à l'argument selon lequel les effets de la crise auraient été bien pires sans l'euro. D'abord, personne n'en sait rien puisqu'il est impossible de savoir quelle aurait été la trajectoire des économies européennes depuis vingt ans sans l'euro ! Cela suppose de reconstituer de manière fictive une vingtaine d'années d'histoire économique qui n'a pas eu lieu, ce qui est parfaitement impossible. La seule chose que l'on puisse dire, c'est que notre monnaie moins chère aurait amorti la crise, rendant bien service à notre industrie. Ce dont on est sûr, c'est la désindustrialisation et le chômage de masse que nous a infligés l'euro, prenant le relais de la politique du franc fort. Cela, c'est la réalité, pas la fiction !

Tordons le coup, ensuite, à l'autoflagellation de ceux qui pensent que la France s'isole en Europe. La Grande-Bretagne, de taille comparable, la Suède et le Danemark, plus petits que nous, sont-ils isolés ? Ils ne sont pas morts apparemment sans l'euro. Savez-vous que la Suède a enregistré une croissance de 4 % en 2010, ce qui prouve bien qu'il nous est tout à fait possible d'en faire autant. Bien sûr, une fois libérés de l'euro, tout reste encore à faire : la situation difficile de la Grande-Bretagne, qui aurait été bien pire avec l'euro et celle, beaucoup plus enviable, de la Suède, rappellent que l'exercice de la liberté, s'il est toujours préférable à la dépendance, nécessite de faire preuve d'audace, d'intelligence, de pragmatisme et d'imagination. Ceux qui ont fait ramer la France et l'Europe depuis vingt ans sur les rails uniques de la monnaie du même nom, ont depuis longtemps oublié ce que signifient ces mots, mais je suis certain que nos concitoyens, pour peu qu'ils l'osent, en retrouveraient vite le goût. »

Un brouhaha agite la salle. On voit s'instaurer un débat entre les journalistes. Certains acquiescent, d'autres restent accablés :

Monsieur le Ministre, que répondez-vous à ceux qui craignent le retour des dévaluations compétitives pour répondre aux besoins commerciaux des différents pays ?

« C'est vrai, le retour aux monnaies nationales a justement pour objectif de revoir les parités entre monnaies européennes. Le mark va se réévaluer et le franc retrouvera une valeur permettant de renouer avec la croissance. Les monnaies refléteront la réalité des économies, les peuples souffriront moins. Je vous rappelle que les dévaluations et les réévaluations en Europe dans les années 1970 et 1980 n'ont pas apporté la désolation, loin de là, puisque la croissance y était beaucoup plus forte que dans les années 2000.

Selon les chiffres de l'OCDE, la croissance annuelle de la France était de 3.9% dans les années 1970 et de 2.3 % dans les années 1980, contre 1.5 % dans les années 2000 (2.6 et 0.5 % pour l'Italie, 2 et 0.8 % pour l'Allemagne). Bref, que ce soit pour les pays qui dévaluaient, comme pour les pays qui réévaluaient, les ajustements monétaires n'avaient pas d'effet négatif pour la croissance, au contraire de la monnaie unique…

Enfin, rappelez-vous l'euro : un régime de monnaie unique pousse à la compression des salaires ! »

Le journaliste acquiesce et reprend ses notes. Mais déjà, du fond de la salle, une nouvelle remarque fuse :

La fin de l'euro, c'est le retour de l'inflation ! Si le franc perd de la valeur par rapport au mark, le prix des produits allemands va augmenter. Et les Français vont voir leur pouvoir d'achat encore chuter !

« Justement, les Français seront incités à acheter un peu plus français, ce qui sera bon pour la croissance et pour l'emploi : c'est tout l'objectif de la politique que nous voulons mener. Regardez ! Tous ceux qui ont conduit cette politique ont pu s'en sortir et échapper à la crise ! Pourquoi croyez-vous que la Grande-Bretagne a laissé filer la livre de 20 % ? Déjà ses exportations redémarrent et son industrie relève la tête ! Pourquoi la France s'interdirait-elle de faire ce que vous décrivez à longueur d'articles chez les Chinois, les Anglais, les Américains, ou les Polonais ? »

Soudain, l'animatrice connue de l'émission de télévision politique *À vous de convaincre* se lève. Grand silence dans la salle. La célèbre Yvette Chamot, oubliant comme d'habitude l'impartialité qui sied aux bons journalistes, dit au ministre :

Et les épargnants français, vous en faites quoi ? Vous allez les spolier ?

« De quels épargnants parlez-vous ? Les plus riches, qui vivent à Bruxelles et Genève et qui regretteront tant le président Sarkozy, ou les millions d'épargnants français qui aiment leur pays et veulent participer à son redressement ? N'oubliez jamais, Madame Chamot, que les épargnants sont aussi et encore bien souvent des actifs. Ils verront leur perspective de revenu du travail compenser largement ce moindre enrichissement par la monnaie. Quant aux retraités, ils ne pourront pas pâtir d'une embellie économique générale, qui allégera leurs charges vis-à-vis d'enfants qu'ils entretiennent parfois à bout de bras et offrira les marges aujourd'hui manquantes pour le financement des retraites. C'est toute la société, à tous ses étages et dans toutes ses générations, qui bénéficiera d'un mieux-être matériel qui fait aujourd'hui défaut à l'immense majorité. Sans compter les bénéfices en cascade et de toute nature à attendre d'une société rendue tout à coup dynamique, confiante, habitée par la construction de l'avenir plutôt que la gestion de la pénurie présente ! »

La salle s'est déridée.

« D'autres questions? », suggère le ministre, particulièrement à l'aise, « Oui, Madame, là-bas ? »

La journaliste parle avec un accent italien:

Comment comptez-vous assurer le financement de votre déficit: maintenant que vous sortez de l'euro, qui va vous faire confiance ?

« La France honorera sa dette, et engagera un vrai programme de redressement financier qui inspirera confiance aux marchés, car il s'appuiera sur notre nouvelle dynamique de croissance. J'ai demandé à la Banque de France d'acheter les bons du Trésor pour éviter de se retrouver à payer des taux d'intérêts prohibitifs qui déséquilibreraient plus encore nos finances publiques ! En quittant l'euro, nous retrouvons notre indépendance monétaire et devenons du même coup insensibles aux humeurs des marchés ! Avis aux amateurs ! »

C'est au tour d'un journaliste allemand de prendre la parole :

L'euro imposait des règles d'austérité, de rigueur. Est-ce la fin, en France, de toute mesure de ce type ?

« La France n'a pas besoin de l'euro pour mesurer l'urgence des efforts que nous devons faire. Au contraire, l'euro trop cher, en cassant notre croissance, a rendu vains tous nos efforts pour réduire nos déficits, travailler plus. Pour supprimer les gaspillages, il faut une dynamique minimum de croissance. Nous ne voulons pas de la rigueur pour la rigueur, comme cela était le cas avec l'euro. Nous allons renouer, grâce à notre liberté retrouvée, avec une politique à la fois plus ambitieuse et plus rigoureuse. Oui, comme tout foyer, comme toute entreprise, nous allons maîtriser nos dépenses de fonctionnement et doper nos dépenses d'investissement. Mieux dépenser aujourd'hui pour mieux préparer demain » conclut le ministre, avant de voir fondre sur lui une forêt de caméras.

Voici comment, simplement, on peut imaginer le premier jour sans l'euro. Ni jugement dernier, ni fin du monde. Ni même fin de l'Europe, ni fin de l'euro.

Les titres de la presse, le lendemain, témoignent de la fin d'un autre règne : celui de la pensée unique ! Les unes des journaux se côtoient et les titres ne se ressemblent pas : « La France s'engage dans l'aventure solitaire », « Avec la France, l'Europe repasse à l'offensive » et « La rupture : à quel coût ? ». Certains éditos sont au vitriol, d'autres au contraire saluent la vraie et courageuse rupture du gouvernement.

C'est bien cela, en effet – l'Europe en avant – qui est à l'ordre du jour de la conférence internationale que réunit, le mois qui suit, le président français, en vue de bâtir un nouveau système monétaire européen.

Autour de la table, certains membres de la zone euro, dont un participant inattendu, l'Allemagne, mais aussi la Pologne, la Grande-Bretagne, la Suède, le Danemark, et jusqu'à l'Ukraine et à la Russie !

Trois orientations historiques sont proposées par la France :

La transformation de l'euro en écu, qui redeviendrait ce qu'il n'aurait jamais dû cesser d'être : une monnaie commune de réserve. Comme avant 1999, il s'agirait d'une unité de compte composée de fractions des monnaies nationales. Comme unité de compte commune, elle faciliterait le travail des entreprises du continent, d'autant plus qu'elle pourrait dépasser le cadre étroit de la zone euro. Et le nouvel écu deviendrait un rival international du dollar.

Deuxième proposition : un Système Monétaire Européen est reconstitué, où les parités monétaires seront fixes mais ajustables, afin de respecter les souverainetés nationales tout en favorisant la coopération entre les pays membres.

Enfin, troisième proposition : le rétablissement d'un contrôle des changes avec frontières des pays volontaires. « Ainsi, nous pourrions mieux nous protéger des crises financières venues d'ailleurs. Nous pourrions également instaurer une véritable mise au banc des paradis fiscaux » explique le Premier ministre russe à la sortie de la conférence.

La sortie de l'euro, ce n'est donc pas moins, mais plus d'ambition pour l'Europe. Plus de force dans nos relations internationales. Une Europe qui cesse de se tourner sur elle-même, une Europe reformée et élargie, fière et ambitieuse, de l'Atlantique à l'Oural !

Nous voici libres. Et c'était si simple ! Qui veut peut. Nous venons de sauver l'Europe !

Chapitre IX

L'Europe trop petite pour la France !

« Nous croyons fermement que notre pays tient en lui assez de ressources pour que de nouvelles forces entrent en jeu, et lui permettent ainsi de jouer sa partie sur l'échiquier indéfiniment agrandi ». Voici comment notre grand géographe national, Vidal de La Blache, référence de nos hussards noirs, maître de générations d'écoliers français, concluait son tableau de la géographie de la France, en 1903.

Comment avons-nous pu, en un siècle seulement, cesser de croire en nous-mêmes, douter de nos forces, réduire nos capacités d'action et de réaction au moment même où la mondialisation nous lance de nouveaux défis ?

Comment avons-nous pu, en si peu de temps, passer de ces vigoureuses professions de foi nationales, au dénigrement de nous-mêmes, incarné tantôt par des cohortes applaudissant les groupes de rap qui « baisent la France », tantôt par la bonhomie défaitiste, le pastiche de bon sens paysan d'un Raffarin jugeant la France trop petite ! J'entends encore, chez Guillaume Durand, notre héraut de la France d'en bas, encore tout ébloui de ses tribulations en Chine, confier, la tête dans les épaules : « C'est grand la Chine, et nous sommes trop petits… Que voulez-vous que pèse la France face à plus d'un milliard de Chinois ! C'est fini, c'est impossible, nous n'avons aucune chance… » Et Taiwan ? Et Singapour ? Et tous ces dragons d'Asie qui tiennent la dragée haute à l'Empire du Milieu ? Trop petits sans doute ! Si on écoutait M. Raffarin, tous les pays du monde devraient fermer boutique parce qu'ils sont tous moins peuplés que la Chine.

Cette vision d'une France minable et riquiqui, qui aurait tout à coup perdu toute légitimité à exister en tant que telle sur la scène internationale, est bien entendu celle de ses propres élites qui y trouvent tant le dégoût moral que la justification politique pour la jeter dans la grande broyeuse euro-mondialiste. C'est parce qu'ils sont imbus de cette caricature méprisante que nos dirigeants ont accepté avec enthousiasme la fuite en avant dans une monnaie unique qui est, en fait, le problème de la crise française et non pas sa solution. Les élites françaises sont, en réalité, fatiguées de leur pays.

Le journaliste Jean-Louis Andréani – fait rare parmi ses confrères – a dénoncé dans plusieurs articles parus dans *Le Monde* cette habitude d'auto-dénigrement si française, d'inspiration libérale et européiste, et le « French bashing » que les Anglo-Saxons réservent traditionnellement à notre pays, par incompréhension ou jalousie : « Le message est si bien passé qu'il constitue désormais l'air du temps, bien au-delà du débat sur la politique économique. Comme s'il allait de soi que la France est « nulle » dans un monde où, une fois passées les frontières de l'Hexagone, tout irait mieux[1]. »

Nous avons choisi l'Union européenne, non par volonté de puissance, mais par allégeance. Sûrs que la France et les nations étaient finies, et que l'Europe, seule, pouvait continuer l'aventure. Une fausse lucidité qui s'apparente à une lâcheté introduite par Valéry Giscard d'Estaing qui n'a cessé depuis sa présidence d'affirmer que la France était

1. « L'antenne libérale du "mal français" », *Le Monde*, 26 décembre 2005.

trop petite pour être seule. Cette fuite en avant dans la soumission s'explique probablement par la volonté de présidents affaiblis de toujours gagner du temps. Elle s'explique aussi par leur manque de confiance dans leur propre pays, dans leur propre peuple.

Combien de fois n'ai-je entendu cette fausse évidence ? Si la 5e ou 6e puissance mondiale est trop petite pour affirmer une politique, une ambition, défendre ses intérêts, alors pourquoi n'y a-t-il pas déjà un gouvernement mondial ? Pourquoi des nations plus modestes que la nôtre développent-elles des politiques, relèvent-elles des défis, entretiennent-elles des armées ? Pourquoi même la Norvège ou la Suisse, indépendantes de l'Union européenne, survivent-elles ? Ce discours défaitiste a perverti les esprits.

« Nous apprendre l'organisation et la discipline », n'est-ce pas là le but de la « convergence », à sens unique, de dépendance économique et monétaire vis-à-vis de l'Allemagne, que Nicolas Sarkozy et son gouvernement veulent accomplir en renforçant la « gouvernance » de la zone euro ? Ce que nous n'avons pas le courage de nous imposer à nous-mêmes, nous l'attendons des autres. Comme ces collabos qui appréciaient l'occupation allemande,

« parce qu'au moins, avec eux, les trains arrivent à l'heure ».

Ambitieuse, l'idée européenne ? Non. Pas celle-là. Pas celle de Maastricht ni de l'euro, qui n'est que le symbole de la démission alors qu'on ne se réforme bien que soi-même. Surtout que cette Europe ne fait rien pour nous, qui lui aliénons notre monnaie, notre défense, nos frontières, nos libertés, nos pouvoirs… « On ne peut pas. » C'est la seule réponse de cette Europe-là quand il faut traiter des sujets importants. Si on ne peut pas, c'est qu'on ne veut pas ou qu'on est impuissant. Cette Union européenne qui ne peut pas se priver d'euro, c'est une Europe qui ne peut rien parce qu'elle n'est qu'une addition d'impuissances.

Individu ou pays, c'est par la force de la volonté, par l'intérieur, que l'on travaille sur soi, et non sous la pression d'une intervention extérieure, qui paraîtra vite pesante.

Tous les pays qui réussissent en ce début du XXIe siècle sont d'ailleurs profondément patriotes. Ils défendent leurs intérêts ! Le patriotisme c'est l'arme, la seule arme possible contre le communautarisme, l'européisme, le mondialisme qui minent notre pays. Un patriotisme républicain. Il s'agit en vérité tout simplement de réhabiliter le patriotisme le plus élémentaire qui doit inspirer l'autorité politique mais aussi tous les Français.

Tout est, au fond, affaire de volonté. De dignité. De fierté. Car c'est là que se nourrissent la vitalité, la souveraineté, la liberté des grands pays, quelle que soit leur taille.

Sortir l'euro aura cette première vertu : celle de restaurer l'image que la France se fait d'elle-même. Tous ceux qui la tiennent sous curatelle lui répètent : « C'est impossible, tu n'y arriveras pas toute seule, et puis c'est méchant le monde, c'est dangereux, il faudra que tu trouves seule à manger, que tu te débrouilles, que tu inventes par toi-même de nouveaux chemins pour éviter les pièges de la vie… » Eh bien, moi je dis Debout la France ! Redeviens libre, redeviens responsable, redeviens battante ! Laisse là tes tuteurs qui refusent de te voir grandir ! Quitte tes parents ! Et souviens-toi du temps où tu fus grande, où tu ne pensais pas unique, mais divers, où tu ne parlais pas américain, mais où tu savais, seule à la face des nations, parler le français, langue de l'universel ! Car en vérité, ce n'est pas la France qui est trop petite, c'est l'Union européenne qui est trop petite pour la France. La France ne saurait avoir l'Europe comme seul horizon, comme seul projet, comme seule vocation. Il suffit de regarder la carte de la francophonie pour comprendre combien la vocation de la France va bien au-delà des frontières de l'Europe.

Ce sont eux les ringards et nous les modernes. Nous les volontaires et eux les défaitistes. Nous les raisonnables et eux les incompétents. C'est eux qu'il faut délocaliser et non nos usines, comme le réclamait Maurice Allais, un homme sérieux, le seul prix Nobel d'économie français, qui, c'est le moins que l'on puisse dire, n'était pas de leur côté !

Une fois restaurée la souveraineté de la France, qui se bâtit d'abord à l'intérieur, nous libérerons cette Europe kidnappée !

Nous parlerons d'égal à égal, et non en hommes liges, à nos voisins européens, à nos partenaires internationaux. L'Europe fédérale, c'est l'Europe en uniforme qui conduit aux tensions, aux divergences, à la guerre. L'Europe fédérale, c'est l'Europe qui ne veut voir qu'une tête, l'Europe des fusions acquisitions, l'Europe des OPA hostiles. L'Europe que nous proclamons c'est l'Europe des nations. Car la nation n'est pas une idée morte : c'est une idée neuve… et vieille comme le monde ! Tout simplement parce qu'on n'a pas trouvé, de par l'histoire et de par le monde, une communauté qui sache se tenir aussi bien, à la croisée du personnel et de l'universel. Et ce n'est sûrement pas l'Europe de Bruxelles qui aura prouvé le contraire! Retissons les liens d'amitié et de solidarité entre nos nations, reprenons entre nous des liens de coopération libre et gagnante. Admettons les différences qui nous rendent dépendants et responsables les uns des autres, et cultivons chacun nos richesses, nos talents propres, au bénéfice de tous.

Qu'on ne nous dise pas que nous prêchons le repli, la frilosité! Nous croyons, nous, à l'Europe puissance, c'est-à-dire à l'Europe qui additionne les puissances et s'appuie sur les souverainetés des peuples libres.

En un mot, sortir l'euro, c'est penser l'Europe différemment. Cela voudrait dire qu'enfin on prenne acte de la diversité de l'Europe pour bâtir la seule construction européenne possible, celle des nations et des projets. Car, contrairement à ce qui est répété en boucle pour impressionner les âmes faibles, l'Union ne fait la force que si elle s'appuie sur des réalités et les valorise. L'Europe supranationale, boulimique, bureaucratique est condamnée par l'histoire. L'Europe à la carte qui s'appuie sur les volontés populaires et les talents des nations est la seule qui peut marcher. Engageons des coopérations industrielles, scientifiques, culturelles à 2, 4, 8, 11 ou 15. Créons des réseaux de transport écologique, disciplinons les marchés, contrôlons des mouvements de capitaux, encadrons les banques, investissons dans les technologies d'avenir.

C'est étonnant : Les plus fervents défenseurs du fédéralisme n'appliquent pas cette brillante idée à eux-mêmes : pour eux, quand il faut sauvegarder leurs intérêts, ils prennent la voie plus sûre de la confédération. Regardez Borloo, en embuscade pour la présidentielle, Européen convaincu : que proposait-il aux candidats centristes, Bayrou, Morin ? Une grande fédération du Centre, avec un président, une commission, une constitution unique, une monnaie unique ? Non : une confédération !

Nous ne voulons pas la fin de l'Europe, nous voulons au contraire la sauver. Nous voulons la refonder sur des bases solides. Nous voulons libérer l'Europe. Afin qu'après avoir dépecé la France, ils ne dépècent pas encore l'Europe.

Et nous desserrerons l'étau qui ensemble nous enserre. Nous ne regarderons plus, chacun, nos seuls voisins ; nous ne regarderons plus, de part et d'autre, l'Allemagne avec envie et l'Espagne avec reproche. Nous redeviendrons la grande Europe. Nos partenaires ne seront plus seulement nos compagnons de cellule, enfermés dans l'euro : ils s'appelleront Russie, Méditerranée, Afrique, Grande-Bretagne ! Et alors nous pourrons rebâtir, comme c'est notre vocation et comme c'est notre intérêt, un monde multipolaire. Un monde qui respire entre les États-Unis et la Chine, et qui cesse de voir dans le premier son maître et dans le second son contre-maître.

Voilà pourquoi il est si vital de proposer une nouvelle démarche et un autre projet. « L'enjeu est clair pour tous les Français : c'est l'indépendance ou l'esclavage » disait de Gaulle.

Tous les médecins le diront. Par expérience, le patient ne vaincra la maladie que s'il en a la volonté, l'envie et alors le courage. Il en est de même aujourd'hui de la France. Pour l'aider à retrouver l'envie de se battre, il faut donc un président de la République qui, comme un médecin, change radicalement de comportement, d'équipe, de discours et de médicament.

Le président n'est pas le Premier ministre. Il doit donc incarner le pays en affirmant des valeurs, en respectant des principes qui auront valeur d'exemple. Car rien ne sera possible sans redonner dignité et respect à la fonction présidentielle.

Il faut affirmer la primauté du politique, essence de la démocratie. Il faut affirmer haut et fort le refus de la fausse fatalité. Il faut dompter une économie mondialisée de prédation qui épuise les peuples. Car, n'en doutons pas, la difficulté à concevoir une stratégie aujourd'hui pour la France tient moins aux contraintes financières, administratives, politiques, auxquelles, comme tout pays, nous sommes soumis, qu'aux contraintes intellectuelles, rédhibitoires.

Oui, il faut oser affronter des tabous qui bloquent la société française. Les solutions ne se trouveront pas dans ce qui existe, chez ceux qui ont bloqué le pays. Il faut changer de regard. Comprendre le ressort d'un peuple pour bousculer les féodalités intérieures et les dominations extérieures.

L'autorité politique ne peut exercer sa légitimité sans s'appuyer sur le peuple français, seul juge par référendum des grandes réformes. Pour rétablir nos frontières, pour réformer l'Éducation nationale, pour réussir la réforme fiscale, seul le peuple sera en mesure de décider.

Et la première décision qu'il prendra, au service de sa liberté, au service de l'Europe, sera la sortie de l'euro. Le franc, ce ne sera pas un retour en arrière mais une marche en avant : la reconquête de la liberté n'est jamais un pas en arrière.

Voilà le véritable plan de sauvetage de la vraie Europe.

Voilà la clé pour redonner confiance dans la volonté politique.

Ne nous laissons plus bercer par les mensonges. Ne nous mentons plus à nous-mêmes. Soyons francs. Francs, c'est-à-dire libres.

C'est-à-dire Français !

Table des matières

Composition et mise en pages réalisées par
Compo 66 – Perpignan
173/2011

Éditions du Rocher
28, rue du Comte-Félix-Gastaldi
98000 Monaco
www.editionsdurocher.fr

Achevé d'imprimer en juillet 2011
par la Sté ACORT Europe
www.cogetefi.com

Imprimé en France

Dépôt légal : mars 2011